La Saga Agassi

Dominic Cobello
avec la collaboration de Mike Agassi

La Saga Agassi

Le pari d'un père,
le triomphe d'un fils

Traduit de l'anglais (Canada)
par Alexandre de Chambure

Stanké
QUEBECOR MEDIA

Catalogage avant publication de Bibliothèque et Archives Canada

Cobello, Dominic

La saga Agassi : le pari d'un père, le triomphe d'un fils

Traduction de : The Agassi story.

ISBN-13 : 978-2-7604-1003-9
ISBN-10 : 2-7604-1003-X

1. Agassi, Andre, 1970- . 2. Agassi, Andre, 1970- – Famille. 3. Agassi, Mike. 4. Agassi (Famille). 5. Joueurs de tennis – États-Unis – Biographies. I. Agassi, Mike. II. Titre.

GV994.A43C6214 2006   796.342092   C2006-940707-X

Traduction française : Alexandre de Chambure
Infographie et mise en pages : Luc Jacques
Maquette de la couverture : Christian Campana
Photos intérieures : Mike Agassi
Photo de la couverture : Getty Images
Photo de l'auteur : Grigori Ozerski

Remerciements

Les Éditions internationales Alain Stanké reconnaissent l'aide financière du gouvernement du Canada par l'entremise du Programme d'aide au développement de l'industrie de l'édition (PADIÉ) pour ses activités d'édition. Nous remercions le Conseil des Arts du Canada, la Société de développement des entreprises culturelles du Québec (SODEC) du soutien accordé à notre programme de publication. Gouvernement du Québec – Programme de crédit d'impôt pour l'édition de livres – gestion SODEC.

Les Éditions internationales Alain Stanké
7, chemin Bates
Outremont (Québec) H2V 4V7
Tél. : (514) 849-5259
Téléc. : (514) 396-0440
editions@stanke.com

Stanké international, Paris
Tél. : 01 40 26 33 60
Téléc. : 01 40 26 33 60

Dépôt légal – Bibliothèque et Archives nationales du Québec, 2006

ISBN-10 : 2-7604-1003-X
ISBN-13 : 978-2-7604-1003-9

Diffusion au Canada : Messageries ADP
Diffusion hors Canada : Interforum

Ce livre est dédié avec amour à toute ma famille, afin qu'elle puisse comprendre ce que je ressens et connaître mon caractère. Je souhaite qu'elle sache au plus profond d'elle-même que tous les événements de ma vie ont fait de moi ce que je suis aujourd'hui. À tort ou à raison, mes intentions n'étaient que bonnes.

Mike Agassi

REMERCIEMENTS

La persévérance et la détermination peuvent vous récompenser de manière inimaginable. Ce livre a été écrit à force de patience, de clairvoyance, d'encouragements et de conseils. Je tiens à remercier ma femme, Betty, qui a transformé ma vie ; mes enfants Rita, Phillip, Tami et Andre ; mes belles-filles Martine et Stephanie ; mes petits-enfants Skylar, Carter, Jaden et Jaz ; mon gendre Lobsang ; mon ami Kirk Kerkorian, que je connais depuis maintenant quarante ans et qui est depuis toujours une véritable source d'inspiration ; Dominic Cobello, qui ne m'a pas laissé un instant de répit, et dont la vision, la passion et l'instinct l'ont conduit à écrire ce livre ; sa collègue Kate Shoup Welsh, avec qui je me suis entretenu et qui m'a poussé à un degré de réflexion que je n'avais jamais atteint ; Jack David et toute l'équipe de ECW Press ; André Gagnon et l'équipe de Stanké ; toute ma famille, proche et lointaine, ainsi que mes amis. Ce livre n'aurait pas été possible sans vous.

Je tiens à remercier tout particulièrement mes parents, toujours pleins d'amour, qui ont fait de leur mieux avec leurs moyens et qui ont regardé leurs enfants s'exiler d'Iran un à un pour un avenir meilleur.

Mike Agassi

Avant toute chose, je tiens à remercier Mike Agassi – *Manuel Shenorhagal yem* –, pour sa générosité, sa connaissance du tennis et sa disponibilité pendant ce travail. Merci d'avoir cru en moi. Ce fut un plaisir de travailler avec toi et d'écrire ta vie. Merci à Betty Agassi pour sa patience et sa générosité. Merci d'avoir aidé Mike pendant toute cette période de recherche intérieure. Sans vous, l'écriture de ce livre n'aurait pas été possible. Tami, Rita, Phillip et Andre, merci de votre soutien. Je tiens tout particulièrement à remercier Kate Shoup Welsh, qui a suivi le scénario dont je rêvais et que je savais capable de tirer le meilleur parti de cette histoire. Merci à l'amour de ma vie, ma chère femme, Lisette Amireault, qui m'a épaulé pendant ces nombreuses années de travail. Merci, mon amour. À mes deux adorables enfants, Valérie et Patrick, qui sont si fiers de leur père. À mes collègues d'ECW : Jack David, qui adore le tennis, et sa formidable équipe. À André Gagnon et à toute son équipe chez Stanké. Merci à Jason Resnick, d'Universal Studios, qui m'a convaincu d'écrire le livre avant de faire le film ; et à mon équipe de production qui a fait le déplacement jusqu'à Las Vegas tant de fois et dont le travail a toujours été de grande qualité : Patrick Beaulac, Gregory Orsesky et Phil Pantry à la caméra. Je tiens également à remercier tous ceux qui m'ont encouragé et soutenu par leur amitié : Roger Cox, Vic Braden, Leif Shiras, Dawn Mitchell, Jim Scott, l'archevêque arménien Hovnan Derderian et André Vilder. Merci à toute ma famille, Tony, Pascal, feu Mario. À Anne et Marc Dumay, Rémy, Ginette, Pierre, Madame Lilianne Dumay, Guillaume Gilbert, le conjoint de ma fille, mes amis et collègues, ainsi qu'au personnel de production. À Alex de Chambure, qui a traduit mon livre et qui a su rester fidèle aux sentiments de Mike Agassi.

À mes parents défunts, Rocco Egidio et Elvira, sans qui je ne serais jamais parvenu jusqu'ici. *Grazie, mamma, grazie, papa.*

Dominic Cobello

AVANT-PROPOS

Jim Scott est l'homme qui m'a mis en relation avec Mike Agassi. C'est lui qui a inventé le canon à balles Match Mate, il y a presque vingt ans. Alors que je préparais une émission sur les canons à balles, Scott me dit que Mike en savait plus à ce sujet que quiconque aux États-Unis. «Appelle-le!» insista-t-il. C'est ce que j'ai fini par faire. J'ai immédiatement été frappé par la gentillesse de Mike. «Descends à Las Vegas quand tu veux!» me dit-il. Je l'ai remercié tout en pensant qu'il s'était montré poli, et d'ailleurs, je ne voulais pas m'imposer.

J'avais entendu parler de Mike Agassi, bien sûr. On ne passe pas, comme moi, la moitié de sa vie dans le monde du tennis sans avoir une certaine idée du génie que représente Mike. Même si j'ai commencé ma carrière en faisant la production de concerts de rock et de festivals de musique où jouaient des groupes tels que The Who, The Animals, Johnny et Edgar Winter – et que j'ai travaillé avec John Lennon et Derek Taylor pour organiser le *bed-in* de Montréal en 1969 –, je me suis rapidement réorienté vers le tennis, qui était resté ma passion depuis l'âge de quinze ans. En plus d'avoir organisé plusieurs tournois de tennis au Canada, j'ai créé ma maison de production Tennis Extra Television en 1990. Depuis, j'ai produit plusieurs centaines d'émissions sur le tennis.

Un an après avoir parlé à Mike au téléphone, j'ai organisé une interview avec David Pate, à Las Vegas, dans le cadre de mon émission de tennis. Au cours de sa carrière professionnelle, qui s'est étendue sur près de douze ans, Pate a connu quelques succès, tout particulièrement en double, où il a remporté dix-huit titres. Après avoir pris sa retraite, il a racheté la concession de tennis de l'hôtel Bally's, à Las Vegas, et je voulais le filmer en vue d'une de mes émissions. Mais lorsque je suis arrivé, à ma grande déception il était introuvable.

Bien entendu, j'étais énervé. Après tout, j'avais pris l'avion de Montréal jusqu'à Las Vegas pour tourner une émission. Le personnel du Bally's m'a suggéré d'interviewer quelqu'un d'autre à sa place : Rita Agassi, la fille aînée de Mike. Rita travaillait pour Pate. Elle dirigeait la ligue féminine et supervisait l'entraînement des enfants. Pour être tout à fait honnête, ce sujet me paraissait bien plus intéressant que mon projet avec Pate. J'ai donc accepté sur-le-champ. Rita n'avait pas accompli d'exploits sur le circuit féminin, mais je savais que c'était une bonne joueuse. De plus, c'était la grande sœur d'Andre. Je me doutais bien qu'elle aurait des choses intéressantes à me raconter, et j'avais raison. Ce reportage eut beaucoup de succès.

Par la suite, j'ai décidé d'appeler Mike et de lui dire que j'avais rencontré sa fille. Je n'étais pas certain qu'il se souvienne encore de moi, mais il me répondit en toute amabilité : «Où es-tu ?» Je lui dis que j'étais à Las Vegas. «Passe à la maison !» répliqua-t-il en insistant. Je me suis donc rendu chez lui. Il m'a accueilli chaleureusement et, en quelques minutes, notre conversation s'est orientée vers ce sport qui nous faisait tous les deux chavirer le cœur : le tennis. Nous avons parlé sans nous arrêter. Il m'a montré les fameux canons à balles qu'il avait bricolés afin de lancer tous les types de balles possibles et imaginables à une vitesse incroyable. Il m'a également montré le hall d'entrée où se trouvaient tous les trophées que ses enfants avaient gagnés.

Ce fut le début d'une belle amitié.

J'ai rendu visite à Mike à plusieurs reprises au cours des années suivantes. Parfois, je faisais venir mon cameraman pour filmer son témoignage sur sa vie. Plus j'apprenais de choses sur lui, plus je pensais que son histoire méritait d'être connue par d'autres que moi. Finalement, il y a environ trois ans, je me suis décidé à lui demander ce qu'il pensait de mon idée.

«Mike, lui dis-je. Est-ce que ça te dirait de faire un film sur ta vie?»

Il fit une grimace.

«Pourquoi? Qui est-ce que ça pourrait bien intéresser?» répliqua-t-il en toute simplicité.

Malgré sa réaction, je lui ai demandé la permission de commencer le film. Après une longue discussion, je suis parvenu à le convaincre que beaucoup de gens aimeraient le connaître mieux. J'ai commencé à tâter le terrain, tout d'abord avec Stephen Bronfman, un ami de mon camarade André Lemaire, directeur de la section tennis à Mont-Tremblant. Après avoir fait fortune dans la contrebande d'alcool à l'époque de la prohibition, la famille Bronfman a fait fructifier une bonne partie de sa fortune en investissant dans des holdings propriétaires de médias. Bronfman parla de moi à sa sœur Ellen, qui dirige depuis longtemps une maison de production à Londres avec son mari. J'ai tenté de la joindre, mais sans succès immédiat.

Déçu mais pas découragé, j'ai concentré tous mes efforts à développer des relations à New York, mais en vain. Puis, Samantha Deans parla de moi à certaines de ses relations les plus haut placées. En plus d'être une de mes amies, elle était l'organisatrice de nombreux festivals de films (dont le Festival du film de Montréal). J'ai passé un nombre incalculable de coups de fil à Miami, New York et Los Angeles. Sur les trente-quatre studios que j'avais contactés, seuls six me répondirent, dont Jason Resnick, d'Universal. Nous avons parlé au téléphone et je lui ai envoyé une ébauche de mon livre, que j'avais écrit seul, pour le meilleur ou pour le pire. Il me dit qu'il avait adoré mais me demanda de lui proposer une version finale avant de s'engager davantage.

Il fallait donc que je me remette au travail.

J'ai fait un saut à Las Vegas pour rendre visite à Mike.

« Oublie le film, lui dis-je. On va d'abord écrire un livre.

Mike fut quelque peu surpris.

– Je ne pensais pas que tu étais sérieux ! » s'exclama-t-il.

Je l'ai assuré que j'étais on ne peut plus sérieux et lui ai proposé de signer un contrat afin de conclure notre marché.

C'est ainsi que Mike devint non seulement un ami, mais aussi un associé. Ce fut également l'occasion d'écrire un livre incroyable.

Une fois le contrat en main, j'ai commencé à prendre contact avec des maisons d'édition aux États-Unis et au Canada. J'ai reçu des réponses très positives. Tout le monde savait que nous avions là un cheval gagnant. Ce fut finalement ECW Press, de Toronto, qui s'engagea à nos côtés.

Voilà comment vous en êtes venus à avoir ce livre entre les mains aujourd'hui. Grâce à ECW et à Stanké, pour la version française nous pouvons enfin vous raconter l'histoire de Mike Agassi, une histoire qui parle d'amour, de famille et du rêve américain.

Régalez-vous.

Dominic Cobello

Mon père était convaincu que si mes yeux devaient bouger, lorsque j'étais bébé, autant que ce soit pour regarder une balle de tennis.

Andre Agassi

INTRODUCTION

Croyez-moi, je connais le sens du mot exclusion. J'ai passé la plus grande partie de ma vie à me sentir rejeté.

Je suis né en 1930, en Perse, que l'on nomma par la suite Iran. Mes parents étaient arméniens. J'étais un chrétien dans un pays à grande majorité musulmane.

Je suis resté un étranger aux États-Unis, où j'ai émigré à vingt et un ans, sans un sou et sans connaître un mot d'anglais.

Je n'ai jamais tant ressenti cette exclusion que le jour où mes enfants ont commencé à jouer dans des tournois de tennis. Aux yeux des autres parents, je n'étais qu'un employé de casino minable issu de la classe moyenne de Las Vegas. J'étais un immigré arménien qui avait fait une longue escale à Téhéran et dont le but était de faire participer ses enfants au sport par excellence des gens riches.

Mais aujourd'hui, je me sens intégré à part entière.

J'ai un laissez-passer pour la finale de l'US Open 2002 sur le court Arthur Ashe, finale au cours de laquelle mon fils Andre va affronter son rival de toujours, Pete Sampras.

Je me trouve en présence de ma femme, Betty, que j'ai rencontrée en 1959 et épousée deux mois plus tard, de la légende du tennis féminin Steffi Graf et de mon petit-fils Jaden. En ce magnifique dimanche de septembre, à New York, nous sommes tous les quatre installés dans une des loges d'honneur. Il aurait été difficile d'être mieux placés. Nous sommes aussi nerveux que si nous devions affronter Pete nous-mêmes.

Aujourd'hui, le ciel est aussi bleu qu'il l'était il y a presque un an, lorsque, à quelques kilomètres d'ici, deux avions pilotés par des terroristes ont anéanti le World Trade Center. De manière assez prévisible, au lendemain de ce désastre, la sécurité dans l'enceinte du stade est devenue particulièrement stricte. Malgré tout, plus de vingt-trois mille personnes sont venues à Flushing Meadows pour assister à un match qui promet de rester dans les annales.

Dans un moment, l'ombre aura recouvert le court central, mais pour l'instant ce magnifique terrain vert brille, et les lignes blanches qui délimitent les différentes zones de jeu scintillent au contact de la lumière. J'ai en tête cette image lointaine des courts de tennis en terre battue de mon enfance. C'était à l'église missionnaire américaine de Téhéran. Je regardais souvent en cachette les soldats américains et les missionnaires jouer avec leurs camarades britanniques. Je ne saurais expliquer pourquoi, mais ce jeu me fascinait et je les regardais jouer dès que j'en avais l'occasion. Comme les deux courts n'avaient pas de grillage, je courais derrière toutes les balles qui en sortaient pour les rendre aux joueurs. Après chaque session, j'étais récompensé avec des bonbons ou des chewing-gums. Par la suite, j'ai commencé à m'occuper de l'entretien des courts. Je les nivelais, les arrosais et les nettoyais à mains nues. L'un des soldats (un habitué des courts) avait remarqué mon enthousiasme pour le tennis, et peut-être souhaitait-il me récompenser de tout mon dur labeur. Toujours est-il qu'il m'a fait cadeau de ma première raquette. Je l'ai utilisée afin d'apprendre les rudiments du tennis. Je n'avais personne avec qui jouer mais je tapais contre un mur afin d'améliorer mes coups. Même si par la suite j'ai consacré tout mon temps à la boxe, représentant l'Iran à deux reprises aux Jeux olympiques, le tennis est toujours resté ma plus grande passion.

Les murmures de la foule virent aux hurlements au moment où Andre et Pete sortent du tunnel pour entrer sur le court. Andre marche d'un pas décidé. Il a cette démarche caractéristique du joueur de tennis se tenant légèrement sur la pointe des pieds, tel un pigeon, tout en effectuant de petits pas saccadés. Il commence à s'échauffer, dansant d'un pied sur l'autre à chacun de ses coups. Il frappe vite et fort, retournant la balle avant le sommet du rebond. On s'attend presque à voir la raquette de Pete lui échapper des mains sur un des retours d'Andre. La technique d'Andre va à l'encontre de tout enseignement traditionnel du tennis : sa longue boucle de préparation, cette manière qu'il a de terminer son geste avec le poids du corps sur la jambe arrière. Il se jette en entier sur chaque frappe, tourne les hanches et donne un coup de poignet. Le mouvement donne l'effet d'un lance-pierre, provoquant une accélération et une puissance phénoménales. C'est exactement ce que je lui ai appris alors qu'il était à peine en âge de marcher.

Andre, le plus jeune de mes enfants, n'est pas le premier que j'ai tenté d'entraîner. Ce triste honneur revient à ma fille aînée, Rita. Elle était sidérante. Elle était forte, psychologiquement. C'était une battante. Elle jouait à deux mains des deux côtés, et ses coups de fond de court étaient uniques. Elle frappait presque aussi fort qu'Andre. Malheureusement, j'ai gâché le tennis de Rita en la poussant trop.

J'ai commis la même erreur avec mon deuxième enfant, Phillip, qui avait un jeu formidable, mais à qui il manquait cet

« instinct de tueur ». En d'autres termes, c'est le type le plus gentil que vous puissiez rencontrer. Il fait toujours passer les autres avant lui.

Heureusement, au moment de la naissance de mon troisième enfant, Tami, je m'étais assagi, du moins un peu. Je ne l'ai pas poussée autant que Rita et Phillip. Je lui ai appris à jouer, bien sûr, mais je lui ai accordé la liberté de s'intéresser à autre chose. C'est pourquoi, de tous mes enfants, je pense que Tami est la plus heureuse et la plus équilibrée.

J'ai beaucoup appris en entraînant Rita, Phillip et Tami. Voilà pourquoi, lorsque Andre est né, le 29 avril 1970, presque dix ans après la naissance de Rita, je me sentais prêt. J'étais décidé à ne pas le pousser comme je l'avais fait avec Rita et Phillip, mais je voulais lui apprendre à jouer le plus tôt possible. Je me disais que s'il prenait goût au tennis, ce serait déjà un début.

Il se trouve qu'Andre n'était pas simplement le plus doué de mes enfants, c'était également lui qui avait le plus de volonté. Il avait de l'ambition. Je ne sais pas si c'était l'ambition de jouer au tennis ou tout simplement celle de me faire plaisir, mais cette ambition était là. Dès qu'Andre avait un moment libre, avant ou après l'école, il se rendait sur le court de tennis et travaillait ses coups pendant des heures.

Dès l'amorce du match, le public montre qu'il apprécie le spectacle en s'exclamant à chaque frappe de balle et à chaque mugissement des joueurs. Malheureusement, avec son jeu de service-volée, Pete parvient à contrecarrer tous les coups de fond de court d'Andre, et mon fils se retrouve très vite mené par deux sets à un. Je lutte contre moi-même pour contenir ma frustration. J'ai appris à Andre à jouer service-volée mais tout mon travail a été saboté par celui qui est devenu son entraîneur, Nick Bollettieri.

J'ai envoyé Andre chez Bollettieri après avoir vu une publicité pour son académie de tennis à Bradenton, en Floride. J'avais déjà entendu parler de Bollettieri. Je l'avais même rencontré une fois sur les courts du Tropicana Hotel de Las Vegas, où je travaillais autrefois en tant que professeur de tennis. Je savais que son académie était très stricte. Mais ce n'était pas le côté sergent-instructeur de Bollettieri qui m'intéressait. C'était plutôt de savoir qu'il y avait là une douzaine de gamins qui jouaient au tennis comme personne.

Après mon départ d'Iran, j'ai passé quelque temps à Chicago. À Las Vegas, où je me suis finalement installé, il m'était bien difficile de trouver des joueurs à la hauteur d'Andre. Par contre, chez Bollettieri, il y avait bon nombre d'enfants de son calibre qui pouvaient lui permettre de progresser. Ainsi, à treize ans, il est allé poursuivre ses études en Floride et s'entraîner à plein temps avec Nick.

La vie au sein de l'académie était dure, pour lui, mais il y est resté jusqu'à ce qu'il devienne pro, à l'âge de seize ans. Et parce qu'il était un garçon loyal, il a gardé Nick comme entraîneur même après avoir quitté Bradenton. Il n'y avait qu'un problème : Bollettieri avait, selon moi, détruit le jeu d'Andre. Mon fils était un serveur volleyeur qui maîtrisait tous les coups du tennis, mais il est très vite devenu un gamin qui restait sur sa ligne de fond de court. Même si Andre aura été, à n'en pas douter, une figure majeure du tennis américain, et certainement l'un des meilleurs joueurs de l'histoire, je maintiens qu'il aurait pu être bien meilleur s'il avait gardé son style d'origine : celui que je lui avais enseigné.

Malgré tout, Andre a connu la gloire sur le court, et avec chacune de ses victoires, la réputation de Nick et de son académie grandissait. Mais en 1993, après avoir l'avoir entraîné pendant près de dix ans, Bollettieri a subitement démissionné sous prétexte de ne pas avoir été justement rétribué pour son travail. Au lieu d'en informer Andre en personne, il lui a envoyé une lettre après avoir divulgué l'information à un journaliste. Andre en a été profondément bouleversé.

Au moment où Andre livre bataille à Sampras, dans la quatrième manche, je jette un coup d'œil du côté de Steffi. J'aime bien cette fille. Elle a été, sans aucun doute, la meilleure joueuse de tous les temps. Elle avait instauré une peur généralisée sur le circuit féminin en raison de la puissance de son coup droit. Steffi s'est retirée en 1999 après avoir remporté vingt-deux titres du Grand Chelem. Si quelqu'un peut comprendre la pression à laquelle Andre doit faire face et ce qu'il essaie d'accomplir, c'est bien elle.

Voilà qui explique pourquoi Steffi semble déchirée en regardant cette finale. Elle semble hésiter entre se recroqueviller dans un coin pour échapper au stress et sauter sur le court pour finir le match elle-même (un exercice dans lequel elle excellait, puisqu'elle a remporté ce tournoi à cinq reprises). Steffi, tout comme Andre, se trouve anéantie au moment où Sampras sert pour le gain de la rencontre. Nous étions certains qu'Andre s'imposerait comme en 1994 et en 1999, au moment même où il commençait à fréquenter Steffi. Cela se voyait dans ses yeux et dans sa démarche. Malheureusement, aujourd'hui Sampras est tout simplement meilleur.

Au moment où Andre sert la main de son adversaire avec classe, je sens que les gens autour de moi me regardent pour voir ma réaction. Après sa victoire à Wimbledon en 1992 (son premier titre du Grand Chelem), j'ai omis de le féliciter. Je lui ai plutôt demandé pourquoi il avait perdu le quatrième set. À vrai dire, il s'agissait là d'un malentendu. Je voulais simplement dire qu'il aurait pu gagner en quatre sets au lieu de cinq. Ce n'était qu'une constatation. Je ne voulais pas le juger. J'ai appris depuis quelques petites choses, la plus importante étant que, maintenant, on peut faire confiance à Andre pour qu'il fasse de son mieux, ce qui n'a pas toujours été le cas dans le passé. C'était pourtant tout ce que j'attendais de lui.

Je sais néanmoins que j'ai une réputation. Je suis cet Iranien dégénéré de Las Vegas qui a forcé ses enfants à exceller au tennis. Je suis celui qui a des idées bien arrêtées sur la manière dont on devrait pratiquer ce sport.

Les gens disent que je suis dur, dominateur, fanatique, autoritaire, ignoble, caractériel, ou encore agressif.

On m'a traité de « tyran », de « bourreau » et de « dégénéré du tennis » (qu'importe ce que cela peut bien vouloir dire). Beaucoup me considèrent comme intimidant, dérangeant, destructeur et abusif. On me relègue généralement dans la caté-gorie des pères incorrigibles, des parias tels que Stefano Capriati, Jim Pierce, Damir Dokic, Marinko Lucic et Richard Williams (que par hasard j'apprécie beaucoup). Cela dit, je vous défie de trouver un seul joueur du top 10 qui n'a pas été poussé (ne serait-ce qu'à ses débuts) par au moins un de ses parents.

Les gens disent que j'ai bien trop poussé mes enfants et que je les ai presque détruits. Vous savez quoi? Ils ont raison. J'ai été trop dur avec eux. Je leur ai donné l'impression que ce qu'ils faisaient n'était jamais assez bien. Mais après l'enfance que j'avais eue, à me battre pour récupérer des miettes, j'étais déterminé à offrir une vie meilleure à mes enfants. Même si je m'y suis mal pris, je les ai poussés par amour.

À vrai dire, ce que nous avons fait a été bien plus difficile que de décrocher le jackpot. J'ai sacrifié l'enfance d'Andre ainsi que celle de mes autres enfants.

Malgré tout, je pense que cela en valait la peine. Tout père a un rêve pour ses enfants et fait son possible pour qu'il devienne réalité. Certains rêvent de voir un de leurs enfants devenir médecin. D'autres voudraient qu'il devienne président. Je voulais que mes enfants soient les meilleurs joueurs de tennis au monde.

Avec Andre, mon rêve – et je pense, j'espère, son rêve à lui aussi – est devenu réalité.

CHAPITRE PREMIER

« Mieux vaut passer de la pauvreté
à la richesse que de la richesse à la
pauvreté. »

Proverbe chinois

Je suis heureux dans cette maison. Sincèrement. Nichée au croisement d'Andre Drive et Agassi Court (la Ville a renommé les rues), notre demeure est grande, belle, lumineuse, aérée, dégagée et s'étend sur quatre cent soixante mètres carrés. Toutes les pièces sont remplies d'objets que ma femme, mes enfants et moi avons accumulés au cours de notre vie. Des rangées entières de photos de famille en désordre – le visage souriant de mes quatre enfants et de mes quatre petits-enfants – sont posées sur la cheminée. L'entrée est remplie de trophées. Nous avons deux réfrigérateurs dans la cuisine qui, ensemble, pourraient contenir assez de vivres pour nourrir une équipe entière de football américain. Il y a – roulements de tambour, s'il vous plaît – cinq salles de bains ! Vous comprendrez plus loin pourquoi je m'exclame ainsi. Vous pourrez également trouver dans l'enceinte de la propriété l'un des plus beaux terrains de tennis de la ville.

La décision de venir m'installer ici a été d'une importance capitale. Lorsque mon fils Andre m'a annoncé qu'il avait acheté quatre parcelles de terrain dans la banlieue ouest de Las Vegas et qu'il comptait y faire construire un court de tennis, un centre de conditionnement physique et deux maisons, dont une pour Betty et moi, je lui ai dit merci, non merci.

« Pourquoi ? » me demanda-t-il. Nous étions en 1993, un an après sa victoire à Wimbledon.

Pourquoi ? Pour plusieurs raisons. D'une part, parce que j'avais passé les vingt dernières années à faire des travaux dans notre maison de la rue Tara pour la rendre plus belle. Je l'avais achetée cent vingt mille dollars en 1973 et j'ai dépensé cent quatre-vingt mille dollars de plus en travaux au cours des années. (En 1973, la rue Tara était quasiment au milieu du désert. J'appelais Betty une bonne dizaine de fois par nuit pour m'assurer que des bandits ne s'étaient pas emparés de la maison. Cette ville, sans cesse en expansion, a désormais englouti mon quartier.) La maison était en faux marbre lorsque je l'ai achetée, et je l'ai entièrement reconstruite en brique. J'ai ajouté un débarras, un abri pour trois voitures et deux autres places dans le garage. J'ai allongé les murs pour agrandir la maison, puis j'ai installé une clôture métallique. Et bien sûr, en 1974, j'ai construit un terrain de tennis dans mon jardin en utilisant un matériau bien particulier : un ciment plus épais pour prévenir les fissures dans le sol. De plus, j'avais fini de payer la maison. Il ne me restait plus qu'à acquitter les taxes foncières, l'assurance, l'eau et l'électricité. Dans la nouvelle maison, il m'aurait fallu payer des frais mensuels de trois cents dollars par mois pour les résidents du quartier à hauteur. C'était aussi cher qu'un loyer !

« Ne t'inquiète pas, me dit Andre. Je paierai tes frais de résidence. Tu n'auras pas à débourser un sou. »

Seulement, j'avais ma fierté. Je ne voulais pas que mon fils m'achète une maison. À l'époque, il m'avait déjà acheté une Cadillac et j'avais trouvé ce cadeau extravagant. C'était gentil de sa part de vouloir partager la fortune qu'il avait accumulée au cours des années passées sur le circuit, mais je n'ai jamais voulu de tout cet argent. J'en avais suffisamment de mon côté. J'avais passé trente ans à travailler dans différents casinos de Las Vegas, et je comptais bien continuer à faire la même chose lors des trente années à venir. Si je voulais une nouvelle maison, je l'achèterais moi-même.

Cependant, ma femme avait autre chose en tête. Elle voulait déménager, voilà tout. Sa décision fut sans appel. Alors nous sommes venus ici et nous avons reconstruit le terrain de tennis sur-le-champ. J'ai récupéré tout ce que j'avais sur la rue Tara, et même plus. Après m'être remis d'avoir accepté un tel cadeau et m'être installé dans ma nouvelle demeure, je me suis senti bien.

Je ne l'ai pas remercié. Je n'ai jamais demandé à avoir cette maison, mais je me sentais bien.

Ma maison est située dans un quartier à accès contrôlé, entouré d'un grand mur. Afin d'y accéder, il faut prendre une petite allée qui vous conduit jusqu'à l'entrée principale. Je suis toujours un peu surpris lorsque le gardien me laisse passer. Voyez-vous, cette maison et ce quartier sont bien différents de l'endroit où j'ai grandi.

À Téhéran, où je suis né en 1930, je dormais, mangeais et vivais avec mes parents, mes trois frères et ma sœur dans une pièce dont la superficie était inférieure à vingt mètres carrés. Il n'y avait pas de place pour mettre une table. Nous mangions donc assis par terre, dans la poussière. Après chaque repas, mon père, qui passait ses journées à travailler dur comme menuisier, nous lisait la Bible. Nous n'avions pas la radio, mais nous avions une bicyclette (avec un panier à l'arrière) pour toute la famille. Nous l'utilisions principalement pour nous rendre au marché. Nous portions des chemises que ma mère avait cousues et des chaussettes qu'elle avait tricotées. Nous dormions deux par deux sur des matelas qu'elle avait faits à la main. Tous les matins elle les redressait contre le mur, et tous les soirs elle les rabattait par terre.

La pièce qui nous servait d'appartement se trouvait dans un complexe communautaire que nous partagions avec d'autres familles. Il y avait en tout trente-cinq personnes. Le complexe en lui-même, situé au cœur de Téhéran, avait une forme carrée. Il y avait une cour intérieure et l'ensemble était entouré d'un mur gigantesque. Il n'y avait qu'une seule porte pour accéder à l'extérieur. Il n'y avait ni eau ni électricité. Nous partagions une toilette unique (qui ressemblait plus à un trou dans le sol) avec nos voisins (vous comprenez maintenant pourquoi j'étais tellement content d'avoir cinq salles de bains). Quelle que soit l'heure de la journée, il fallait toujours faire la queue. Voilà pourquoi les hommes allaient généralement s'entraîner à viser sur les murs du complexe. Si nous avions de la chance, en plus de notre bain quotidien, nous pouvions nous laver une fois par semaine dans des bains-douches publics. Cela peut sembler horrible, je sais, mais cela ne me dérangeait pas. Nous surveillions toujours nos voisins (plusieurs juifs, quelques Arméniens et des Iraniens de pure souche), et ils faisaient de même avec nous. Chacun était prêt à se battre pour avoir le privilège d'aller aux toilettes.

Inutile de préciser que notre complexe n'avait pas de court de tennis.

Vous devez vous demander comment un type comme moi a pu tomber amoureux d'un sport comme le tennis. Après tout, Téhéran n'est pas exactement la Mecque du tennis, malgré son climat favorable. Même si cela avait été le cas, ma famille ne faisait vraiment pas partie d'un milieu où l'on jouait au tennis. À cette époque, la société perse était rigoureusement divisée en trois classes, que l'on appelait *tabagheh*. Nous, la famille Agassi, en tant qu'Arméniens chrétiens, étions solidement accrochés au bas de l'échelle.

Mon père, David Aghassian, était un homme tranquille. Il était costaud, très religieux, et je l'adorais. Il était né à Kiev dans les années 1880, de parents arméniens. À l'origine, notre nom de famille était Aghassian. Le « -ian » des patronymes arméniens permettait clairement d'identifier notre origine ethnique. Mais à une époque où les Turcs prenaient fréquemment les Arméniens pour cible d'entraînement, un de mes ancêtres a changé notre nom de famille en faveur d'Agassi afin de sauver notre peau. Il se maria, eut deux enfants et monta une entreprise de menuiserie qui prospéra jusqu'à ce que la guerre de 1918-1920 entre les Russes blancs et les communistes lui fasse tout perdre. Il avait été le premier à utiliser la technique d'assemblage à rainures et languettes pour poser des parquets de bois.

Le moins que l'on puisse dire, c'est que la ville de Kiev, en Ukraine, était l'épicentre de tous les remous politiques de l'époque. Après avoir déclaré en toute confiance son indépendance de la Russie, en 1918, l'Ukraine changea de mains à trois reprises avant d'être conquise en 1919 par l'Armée blanche, dans laquelle mon père était soldat. Elle fut envahie une première fois par les Allemands, puis deux fois par les bolcheviks, lesquels, tout comme l'Armée rouge, se battaient sous la bannière du communisme.

L'Armée blanche comptait principalement des nobles venus de Russie que l'on venait de chasser de chez eux : c'étaient des propriétaires de terres prospères dont les bolcheviks avaient confisqué tous les biens immobiliers et des industriels dont les usines avaient été nationalisées. En tant qu'homme d'affaires fortuné, mon père se fondait parfaitement dans le moule.

La plate-forme politique du parti pouvait se résumer en ces mots : «À bas le communisme!» Malheureusement, ses leaders n'avaient rien de mieux à proposer d'un point de vue politique et économique. Son discours sans contenu accompagné de bavures militaires à répétitions, de rivalités internes et d'une absence totale de coordination au sommet conduisirent rapidement l'Armée blanche à sa perte. Le groupe était devenu une cible facile pour l'Armée rouge qui, de son côté, était particulièrement bien organisée. En décembre 1919, celle-ci conquit de nouveau la région. Cette fois, c'était pour de bon.

La victoire des communistes fut un véritable désastre pour mon père. La fortune qu'il avait amassée au cours de sa vie était appelée à s'évanouir à jamais. Et même si les bolcheviks lui avaient épargné la vie, il pensait que lui, ainsi que ceux qui avaient servi dans l'armée à ses côtés, se feraient exécuter tôt ou tard. Comme sa femme et ses deux enfants refusaient de partir, il les laissa derrière lui avec son entreprise florissante. Il se précipita jusqu'à la frontière russo-persane, d'abord à bicyclette, puis à dos de mule, et enfin en bus. Il se rendit ainsi directement jusqu'à Téhéran.

Pourquoi Téhéran? Je ne sais pas exactement. L'Europe était bien plus proche, mais il pensait peut-être qu'il aurait plus de chance en traversant le désert. Ou peut-être savait-il qu'à cette époque la Perse était la destination préférée d'une grande partie des réfugiés, les premiers d'entre eux étant ses compatriotes arméniens. Ils arrivaient de partout dans le désert, sans manger ni boire, fuyant leur terre ancestrale : l'Arménie turque. En 1916, les Turcs avaient promulgué un décret ordonnant l'extermination de tous les Arméniens de l'Empire ottoman, en dépit de l'âge, du sexe ou de la bonne morale. Deux millions d'Arméniens trouvèrent la mort durant cette campagne. De nombreux survivants s'enfuirent vers l'Europe et l'Asie. D'autres émigrèrent dans la capitale de la Perse, Téhéran, une ville immense sur la côte de la mer Caspienne, où ils pouvaient espérer, à juste titre, trouver du travail.

Ma mère, Noonia, est née dans la partie turque de l'Arménie. Elle avait également fui son pays pour rejoindre Téhéran, même si elle n'a jamais attribué son départ au génocide arménien. Selon ses dires, elle aurait visité Téhéran avec sa famille, rencontré mon père et décidé de rester. Malgré une différence d'âge de vingt ans, ils se marièrent et fondèrent une famille. Ils eurent cinq enfants ensemble : mon frère Issar, né en 1925 ; mon frère Samuel, né en 1927 ; moi, qu'ils nommèrent Emmanuel, né le 25 décembre 1930 ; ma sœur Helen, née en 1933 ; et enfin mon petit frère Helmut, né pendant la Deuxième Guerre mondiale. Mes parents avaient décidé de lui donner le nom d'un gentil voisin allemand, déporté d'Iran pendant cette période.

Il est parfois difficile, pour les Occidentaux, de comprendre que l'Iran de ma jeunesse n'était pas le pays hostile, dangereux et répressif qu'il est devenu par la suite. De nos jours, ce sont les lois d'un fou qui régissent l'Iran. Je veux parler de l'ayatollah Khomeini, qui s'est emparé du pouvoir en 1979, et de ses partisans. À l'époque, les lois sociales en Iran faisaient partie des plus progressistes du Moyen-Orient, et les femmes en jouissaient pleinement. Aujourd'hui, elles n'ont plus le droit de montrer leurs cheveux en public, car, selon un ancien dirigeant politique, « ils émettent des ondes qui rendent les hommes fous ». Celles qui refusent de se soumettre à cette loi reçoivent soixante-quatorze coups de fouet.

De nos jours, l'Iran est un pays où l'adultère est puni à jets de pierres, où les dissidents chanceux vont en prison et les moins chanceux sont exécutés. C'est un pays où les gens honnêtes vivent dans la peur. L'Iran est un endroit où la presse est libre pour autant que ses articles ne s'écartent pas des principes de l'islam. Les livres non approuvés sont donc bien évidemment brûlés. Les pauvres d'Iran deviennent encore plus pauvres, les ouvertures sont minces et l'espoir est presque inexistant. L'économie du pays, basée sur le pétrole, stagne depuis la chute du schah en 1979.

Avec chaque tentative de soulèvement, si timide soit-elle, la vis se resserre. Les mollahs d'Iran utilisent leur pouvoir sur la police et sur les cours de justice afin de faire taire les dissidents. Pour sa part, le Conseil des gardes, un corps politique de non-élus dirigé principalement par des chefs religieux, impose régulièrement son veto afin d'empêcher certaines réformes d'être adoptées. Ce groupe interdit même aux candidats dont le point de vue n'est pas assez conservateur de se présenter aux élections parlementaires. Ce privilège leur avait pourtant été accordé en 2004.

Mais il n'en fut pas toujours ainsi. L'Iran, ou la Perse que j'ai connue, était en voie de modernisation même s'il restait des progrès à accomplir. Notre roi, le schah, Reza Shah Pahlavi, voulait faire avancer son pays selon le modèle des nations européennes, plus développées. Il voulait que l'Iran soit forte d'un point de vue économique et culturel. Il voulait un gouvernement central souverain et engagé dans les affaires régionales. C'est dans cette optique qu'il bâtit une armée forte de cent vingt-cinq mille hommes et qu'il effectua des réformes dans l'administration et la bureaucratie du gouvernement. Il réorganisa la trésorerie, institua un vaste système scolaire laïque d'après le modèle français et fit construire une université à l'européenne au cœur de Téhéran. Il développa également le réseau routier, termina le chemin de fer transiranien et suscita la création de plusieurs usines (propriétés de l'État) dont le but était de produire des biens de consommation de base tels que des textiles, des allumettes, des produits en boîte, du sucre, des cigarettes, etc. Afin de renforcer l'identité culturelle de la nation, il parvint à convaincre tous les pays avec lesquels la Perse avait de bonnes relations diplomatiques d'appeler notre pays par son nom en farsi : Iran.

Progressiste en matière de droit social, Reza Shah poussa son peuple vers un changement culturel radical. En ce sens, il fit passer des lois forçant la population à adopter un style vestimentaire à l'européenne et mit en place un système de méritocratie. Sous son règne, la richesse héritée et les liens de famille étaient de moindre importance. Bien au contraire, Reza Shah, lui-même un *self-made man*, mettait l'accent sur les compétences individuelles et les résultats obtenus par chacun. Il renvoyait chez eux tous les employés qui ne satisfaisaient pas à ces critères. Le plus impressionnant, peut-être, fut de le voir permettre aux femmes de faire des études et d'intégrer le monde du travail. Jusqu'à aujourd'hui, cette initiative est restée quasiment sans précédent dans cette région du monde. Les droits des femmes furent maintenus sous le règne de son fils, Muhammad Reza Shah Pahlavi, qui, en 1963, leur accorda le droit de vote.

Bien entendu, je ne suis pas naïf au point de penser que l'Iran de ma jeunesse était une société idéale. Même si Reza Shah et son fils Muhammad Reza Shah étaient les auteurs de cette vague de réformes, leur réussite fut entachée par leur dictature. Ils paralysèrent le Parlement (le *Majlis*), muselèrent la presse et firent arrêter leurs adversaires en faisant appel à leur police secrète, connue sous le nom de Savak. Des couches entières de la population, dont la nôtre, n'avaient pas le droit de voter parce qu'elles étaient chrétiennes. Les lois d'imposition de la famille Pahlavi n'attiraient pas la sympathie du petit peuple, puisque celui-ci se trouvait accablé par les charges. De plus, il y avait d'importantes inégalités dans la redistribution des richesses, comme pouvait en témoigner la situation de ma famille, alors que les Pahlavi baignaient dans l'argent.

Lorsque je n'avais que six ans, je vis de mes propres yeux le luxe dans lequel ils vivaient. Comme mon père avait la réputation d'être un excellent menuisier, Reza Shah l'embaucha pour qu'il refasse le parquet de son palais et qu'il y construise un escalier ondulant en chêne. Un jour, il m'emmena sur son lieu de travail avec mon frère Issar.

Après avoir parcouru huit kilomètres à pied, de chez nous jusqu'au palais, les soldats nous laissèrent entrer et nous suivîmes mon père à l'intérieur. On aurait dit que tout était en marbre et, si ce n'était pas le cas, cela ressemblait à un bois sombre et resplendissant. Au-dessus de nos têtes, suspendus à un gigantesque plafond, se trouvaient des chandeliers venant des quatre coins du monde : d'Italie, d'Inde, du Mexique… L'une des pièces était entièrement recouverte de miroirs en argent. Plusieurs tables de salle à manger de la longueur d'une allée de bowling trônaient sur le magnifique parquet qu'avait installé mon père. Et le reste des lieux, spectaculaire ! Le palais était entouré de forêts, de sources, de jardins, de serres, d'étangs, de lagons, d'aires de jeu que l'on pouvait traverser en empruntant des allées couvertes d'arbres. Bien entendu, je ne me suis pas aventuré seul dans les allées de ce palais. Le bruit courait que le schah apprenait à tirer et que tout objet en mouvement pouvait servir de cible. De crainte de voir le roi abattre l'un d'entre nous, mon frère et moi restâmes près de mon père pendant qu'il s'affairait à sa tâche.

Même si l'Iran se déclara neutre au début de la Deuxième Guerre mondiale, il n'en fut pas moins bombardé par la Grande-Bretagne et l'URSS en août 1941. Cette attaque eut lieu après que le schah eut refusé d'extrader des citoyens allemands, mais surtout parce que les Alliés avaient besoin d'accéder aux voies ferroviaires transiraniennes afin d'acheminer du matériel et des soldats jusqu'à l'Union soviétique. Les forces armées de Reza Shah, que l'on pensait formidables, se montrèrent particulièrement décevantes. En moins de trois jours, les Britanniques et les Soviétiques avaient décimé l'armée de terre, l'armée de l'air et la marine iraniennes.

Les Alliés forcèrent Reza Shah à abdiquer (il mourut en exil en 1944), mais permirent à son fils Muhammad Reza Shah, âgé de vingt et un ans, de lui succéder sur le trône. Ce fut le début d'un règne qui dura presque quarante ans. En janvier 1942, l'Iran accepta d'apporter une aide non militaire aux Alliés. En septembre 1943, l'Iran alla jusqu'à déclarer elle-même la guerre à l'Allemagne. Cette déclaration était plutôt étonnante, étant donné les relations amicales que Reza Shah avait entretenues avec Hitler par le passé. De plus, l'Iran avait été le principal partenaire commercial de l'Allemagne avant le début de la guerre. Quoi qu'il en soit, plusieurs citoyens allemands furent expulsés d'Iran.

Comme la plupart des pays engagés dans l'effort de guerre, l'Iran manquait de vivres et d'autres biens nécessaires, et les gens comme nous, issus de la classe ouvrière, devaient lutter pour faire face à une forte inflation. Pour ma famille, ce n'était cependant que le quart des problèmes. Reza Shah avait été chassé d'Iran avant d'avoir payé mon père pour son travail. Cela représentait des années de dur labeur : ces magnifiques revêtements, ce somptueux escalier. Tout cela pour rien. Cela me rendait malade.

Enfant, j'aimais voir les soldats britanniques et américains dans Téhéran. En période de guerre, ils furent plus nombreux que jamais (presque cent cinquante mille en tout) et un grand nombre d'entre eux me donnaient régulièrement des sucreries.

Il y avait toujours eu des soldats britanniques à Téhéran, à causes des intérêts de la Grande-Bretagne dans le pétrole iranien, mais la venue des Américains était une première. J'ai découvert avec le temps qu'ils étaient très généreux. Un jour, un soldat américain, choqué de voir des trous dans mes chaussures, m'a offert une paire de bottines. Les soldats enseignaient aux enfants des mots anglais qui pouvaient leur être utiles. Le premier mot que j'ai appris était *victory*. Comme le disait Churchill, « V comme Victoire ».

Lorsque les soldats n'étaient pas relégués à des tâches au camp, ils se réunissaient à l'église américaine de Téhéran, qui se trouvait à proximité de chez nous et que fréquentaient mes parents. Par le plus grand des hasards, mon frère Sam travaillait dans ce camp à recharger des batteries et des générateurs morts sur la route de Téhéran. Un jour, nous y avions vu Bob Hope en concert. L'église et ma famille ne faisaient qu'un. Nous étions de vrais croyants. Chaque dimanche, nous étions invariablement à l'église à sept heures du matin pour le sermon arménien, suivi du sermon perse à neuf heures. J'allais en cours de catéchisme tous les dimanches avec mes frères et ma sœur, et je faisais également partie de la chorale.

L'église faisait elle-même partie d'un gigantesque complexe de la taille de cinquante pâtés de maison. Elle était dirigée par des missionnaires presbytériens venus des États-Unis. Ces hommes prononçaient les sermons en arménien, en perse (la langue officielle de l'Iran, également appelée le farsi) et en anglais. Les alentours de l'église étaient recouverts d'arbres qui protégeaient plusieurs terrains de football et une aire de pique-nique. De nombreux bâtiments abritaient un centre de pédiatrie, plusieurs maisons de missionnaires avec leurs familles, une école pour anglophones où allaient les enfants des missionnaires et de ceux qui travaillaient aux ambassades américaine et britannique, une autre école où les cours se déroulaient en perse (mon école) et quelques chapelles : une pour les services en perse, une pour les services en arménien et une pour les services en anglais. Dans chaque chapelle, un plafond en forme de spirale protégeait l'intérieur frais de l'église de la chaleur extérieure. Certains rayons de couleur parvenaient malgré tout à se glisser au travers des vitraux pour venir faire briller et réchauffer les bancs bien polis que mon père avait fabriqués de ses propres mains.

Le complexe de l'église avait d'autant plus de succès auprès des soldats britanniques et américains qu'il y avait deux terrains de tennis à l'intérieur de l'enceinte. Bien que les courts fussent recouverts d'une terre rugueuse et qu'il n'y eût pas de grillage, ils étaient toujours occupés, tout spécialement pendant la guerre. Les hommes qui jouaient à côté de l'église n'étaient pas très bons, mais ils riaient beaucoup.

Pour moi, ce fut le coup de foudre. Jusqu'à cette époque, mon sport était le soccer, que je pratiquais pieds nus. Et, bien sûr, comme la plupart des garçons que je fréquentais, je prenais part à quelques bagarres dans la rue. Quelque chose dans le tennis captivait cependant mon attention comme rien d'autre auparavant. J'aurais bien du mal à l'expliquer. J'aimais le son d'une bonne frappe de balle, la boucle bien dessinée d'un beau coup. J'aimais le style d'une belle raquette en bois, le son d'un cordage en métal. J'aimais les possibilités quasiment infinies qu'offrait le jeu. On ne voyait jamais exactement deux fois le même coup. Que je sois allongé sur mon matelas, le soir, ou en train de me diriger vers l'école avec mes frères, je me repassais tous les coups du tennis dans la tête. J'analysais les différents comportements d'une balle. J'observais de près la technique des joueurs et tentais de comprendre comment leurs balles parvenaient à être si différentes les unes des autres.

Après l'église, après l'école, ou dès que j'avais un moment libre, je regardais les soldats jouer, et dès qu'une balle sortait du court, je me précipitais pour la récupérer et la leur rendre. En échange, ils me donnaient des bonbons ou des chewing-gums. Très vite, je me fis une joie de devenir responsable de l'entretien des courts. Je les passais au rouleau (particulièrement lourd), je les balayais et je les arrosais pour évacuer toute la saleté. À Téhéran, il n'y avait pas d'aqueducs. L'eau nous venait du mont Damavand, situé en banlieue. Elle passait par les égouts de la ville, qui faisaient fonction d'aqueducs, avant d'être stockée dans des citernes, de petits réservoirs, ou bien dans de grands bassins. Chaque fois que je devais arroser un court, je devais descendre jusqu'aux réservoirs, ouvrir une valve, remplir un seau, fermer la valve, remonter jusqu'au court avec le seau dans les mains, déverser le tout sur le terrain, et recommencer jusqu'à ce que le court soit propre. Si j'étais pressé, je pouvais toujours aller chercher l'eau dans un bassin situé à proximité, ce qui était plus simple. J'avais cloué au sol un ruban qui nous servait de ligne et l'avais peint avec un mélange d'eau et de craie. Cela peut sembler dur de s'occuper de deux courts de tennis en faisant des allers-retours avec de gros seaux d'eau sous un soleil de plomb, pourtant c'était à mes yeux un travail merveilleux, et j'en étais content.

Je n'ai jamais rechigné devant le travail, si dur soit-il.

Un jour, un des habitués des lieux, un soldat américain, me tendit sa raquette en me disant : « Elle est à toi. »

J'étais médusé. La raquette n'était pas en bon état. Le bois était tout éraflé et le cordage était en métal, mais j'étais tellement heureux que j'ai littéralement sauté de joie. Bien que mon niveau d'anglais ne me permît pas de le remercier comme il se devait, je pense qu'il comprit le message. Peu après, je ramassai une balle perdue pour jouer contre le mur de l'église, avant de rentrer chez moi en courant pour montrer ma raquette à mes parents.

« Regardez ! » dis-je, le visage rayonnant de bonheur. Je mis la raquette dans les mains de mon père.

Il l'examina et me demanda d'un air sévère :

« Qui te l'a donnée ?

– Un des soldats de l'église, répondis-je, en essayant de reprendre mon souffle.

– Qu'est-ce qu'il veut en échange ? »

Mon père était très protecteur et conscient des aspects les plus sombres de la vie en Iran. De nombreux enfants du quartier étaient victimes de pédophiles.

Je dis à mon père que, selon moi, ce soldat ne voulait rien en échange. Pourtant, le dimanche suivant, mon père alla trouver l'Américain à l'église afin de lui parler. Dans un anglais hésitant, il lui demanda :

« Pourquoi avez-vous donné cette raquette à mon fils ? »

L'Américain fut surpris.

« Il nous a aidés, répondit-il. Dès qu'on vient jouer, il est là. »

Satisfait de la réponse, mon père me laissa la raquette.

Je l'ai gardée jusqu'à ce que je parte aux États-Unis, dix ans plus tard.

CHAPITRE DEUX

> Demandez-moi ce que je pense des
> Jeux olympiques et je vous répondrai
> qu'il n'y a rien de mieux.
>
> Andre Agassi

J'étais assis dans les tribunes et je regardais le court central du Stone Mountain Park Tennis Center, où allait se dérouler la finale des Jeux olympiques d'Atlanta, en 1996. Andre figurait à l'affiche de cette finale. Ce fut l'une des rares fois que je me déplaçai pour voir jouer mon fils au cours de sa carrière professionnelle (je préférais généralement regarder ses matchs chez moi, par retransmission satellitaire, car j'étais bien plus à l'aise dans mon salon). J'avais l'impression d'être dans une maison de fous. Il n'y avait quasiment que des Américains, sur le central, qui chantaient et encourageaient Andre. J'étais assis assez haut, loin des caméras de télévision, avec mon fils aîné Phillip, la petite amie d'Andre, Brooke Shields, et d'autres amis de mon fils, venus de Las Vegas. Andre avait envoyé son avion nous chercher la veille et nous avions fait un voyage agréable. Je m'étais bien amusé. La journée débuta par des averses qui retardèrent le début de la rencontre. Très vite, le soleil brûlant d'Atlanta fit son apparition. Dès le début du match, Andre frappait très fort la balle face à Sergui Bruguera, double vainqueur de Roland-Garros.

Les meilleurs joueurs n'étaient pas venus en nombre pour ces jeux. L'emploi du temps est difficile à gérer lorsque les jeux tombent juste après Roland-Garros et Wimbledon, et c'était le cas cette année-là. Andre y participa tout de même parce qu'on le lui avait demandé. C'était d'ailleurs la première fois qu'on le lui demandait. Les jeux sont le seul tournoi de tennis où l'on peut réellement représenter son pays. En Coupe Davis, les joueurs font comme s'ils représentaient les États-Unis, alors qu'ils ne font que représenter l'USTA (Fédération américaine de tennis), mais c'est une autre histoire. Andre attachait beaucoup d'importance au fait de représenter les États-Unis.

Ce n'était pas tout. Une autre raison se cachait derrière son amour des jeux. Lorsqu'il avait seize ans, Andre découvrit sur moi quelque chose que j'avais caché à tous mes enfants. J'avais participé à deux reprises aux Jeux olympiques en tant que boxeur. Voilà pourquoi, lorsqu'un journaliste lui demanda de parler de ma carrière aux Jeux olympiques, lors d'une interview, Andre sembla déconcerté.

« Pourquoi ne nous en as-tu jamais parlé ? » me demanda-t-il par la suite.

À vrai dire, je n'ai jamais parlé de mon passé sportif à mes enfants pour ne pas leur mettre de mauvaises idées en tête. Je ne voulais pas qu'ils fassent de la boxe ou qu'ils prennent des coups de poing. Je ne voulais pas qu'en entendant parler de ma carrière, ils décident de monter sur le ring, comme Laila Ali ou Jacqui Frazier. D'ailleurs, cela n'avait aucune importance qu'ils ne soient pas au courant.

Après le gain de la première manche par 6-2 en vingt minutes à peine, il me semblait évident que la rencontre serait à sens unique. Au bout du compte, Bruguera ne remporta que six jeux en tout et Andre s'imposa en trois manches. Une heure plus tard, je regardais mon fils monter sur la plus haute marche du podium et écouter l'hymne national tout en regardant le drapeau américain descendre. Enfin, je le vis recevoir sa médaille d'or.

J'étais fier. Ce fut pour moi la plus grande victoire de sa carrière. Plus grande que sa victoire à Wimbledon en 1992, et plus grande que sa victoire à l'US Open en 1994.

Lorsque la cérémonie eut pris fin, je me rendis à ses côtés et touchai sa médaille. «Je ne pourrai jamais me trouver plus près d'une médaille d'or», lui dis-je, le sourire aux lèvres, la voix tremblante d'émotion. J'ai peut-être même versé une larme. Tel que je voyais les choses, cela ne faisait pas de différence qu'il la gagne ou que je la gagne. Nous l'avions tous les deux gagnée. C'était l'essentiel.

Je le pris dans mes bras. Les flashes d'appareils photo se multiplièrent. Je m'éloignai pour le laisser seul, car, après tout, c'était son heure de gloire, pas la mienne.

Il y a bien longtemps, j'avais également eu ma chance de remporter une médaille olympique.

Inutile d'être un génie pour se rendre compte que je n'avais pas d'avenir en tant que joueur de tennis professionnel. Ce ne fut pas à défaut d'avoir essayé. Si on devait me donner un dollar pour chaque balle que j'ai frappée contre le mur de l'église américaine de Téhéran, je serais assez riche pour racheter le MGM Grand Hotel de Las Vegas. J'ai passé une éternité à essayer différentes techniques, à comprendre l'essence du jeu et à reproduire des coups que j'avais vus.

Malheureusement, je n'avais personne avec qui m'entraîner. Aucun des enfants du quartier n'avait de raquette. De plus, les soldats et les missionnaires ne se faisaient pas une fête à l'idée de taper des balles avec un novice de treize ans dont le niveau d'anglais était encore pire que le niveau de tennis. Étant donné la situation financière de ma famille, il n'était pas question de me payer un entraîneur. De toute façon, mon équipement tennistique était des plus rudimentaires et l'achat de matériel neuf était hors de question. Ne vous méprenez pas, j'adorais la raquette qui m'avait été offerte par ce gentil soldat américain, mais nous étions tout de même loin de la raquette en titane avec un cordage de boyau.

Heureusement pour moi, j'avais un avenir en tant que boxeur.

Lorsque j'étais jeune, je prenais part à un bon nombre de bagarres dans la rue. Aujourd'hui, cela me semble étrange. Les gens ne se battent plus dans la rue à moins d'être de petits voyous issus de la classe populaire. À l'époque, par contre, c'était un passe-temps pour nous tous, du moins à Téhéran. Aujourd'hui, les jeunes font de la planche à roulettes ou jouent au hockey dans la rue. Je ne me souviens plus exactement pourquoi nous nous battions, mais nous y allions de bon cœur. Les voisins du quartier étaient nos principaux adversaires. J'ai découvert que je me battais particulièrement bien. J'étais rapide et mon coup de poing était puissant. Chaque fois que je me sentais menacé… boum !

Apparemment, je porte encore ce coup de poing en moi. Betty dit que je lui flanque parfois des coups dans mon sommeil, lorsque je rêve de boxe. Il ne m'était jamais venu à l'esprit qu'il pourrait être payant de se battre, jusqu'à ce que le Cirque de Moscou vienne faire un tour en ville. Pour un des numéros, deux hommes montèrent sur le ring et se distribuèrent des coups pendant un moment. Par la suite, le juge brandit une paire de gants et défia quiconque dans le public de tenter sa chance et d'empocher une partie des gains. Ce jour-là, je pensai : « Bon sang, ce que j'aimerais être plus fort et plus grand ! Je l'affronterais sans hésiter ! »

Voilà comment est né mon engouement.

Un jour, lorsque j'avais à peu près seize ans, je me suis retrouvé dans une bagarre particulièrement violente de laquelle je suis sorti vainqueur. Mon adversaire était à terre. Un homme s'approcha de moi.

« Hé, toi ! me dit-il après que la foule fut partie. Tu pourrais être un excellent boxeur. »

Bien sûr, je me méfiais. Tous les efforts qu'avait faits mon père pour nous protéger n'étaient pas complètement perdus. Je hochai poliment la tête en signe d'approbation, puis m'éloignai, mais il continua : « Je suis entraîneur au Nerou Rastey Club. »

Là, il avait capté mon attention. Le Nerou Rastey était un magnifique club privé situé au cœur de Téhéran. Lorsque cet homme me demanda si je voulais venir jeter un coup d'œil au club, j'acceptai. Nous y allâmes en marchant, puis il m'accompagna à l'intérieur. Le club était rempli d'équipements de musculation, de lutte et de gymnastique. Il y avait également une table de ping-pong et un petit terrain de basket (plus petit que la taille officielle). D'un côté de la salle se trouvait un ring de boxe et, de l'autre, un punching-ball. La propriétaire du club était une femme qui avait hérité de son mari lorsqu'il est décédé. Elle habitait dans un appartement au-dessus du club.

L'entraîneur me conduisit vers le ring où il m'attacha des gants sur les poings. Puis il me jeta dans une arène de fauves. Mon premier adversaire me fit saigner du nez, mais je parvins très rapidement à le mettre K.-O. Un autre monta sur le ring pour me défier, mais son sort ne fut point différent de celui de son prédécesseur.

Deux semaines plus tard, je participai à un tournoi organisé par le club en tant que poids coq.

J'en sortis vainqueur.

Mon père ne gagnait pas assez d'argent pour m'inscrire à un club aussi chic que le Nerou Rastey. L'inscription coûtait plus de trente cents par mois et, à l'époque, cela représentait une grosse somme d'argent, en tout cas pour ma famille. Je fus donc heureux d'apprendre que le nouveau schah, Muhammad Reza Shah Pahlavi, était un amateur de sport. Il était décidé à financer les clubs de sport en Iran, dont le Nerou Rastey, ce qui, indirectement, revenait à me financer moi. Par conséquent, j'obtins l'autorisation de continuer à m'entraîner au club. Quelque temps plus tard, je fus même invité au palais du schah afin de regarder un match de démonstration en présence des sœurs du roi, ainsi que de sa fille. On nous servit du thé et deux cookies, les premiers que je mangeais de toute ma vie. Ils étaient tellement bons que j'en salive encore aujourd'hui.

À l'époque, la boxe en tant que sport était un concept relativement nouveau en Iran. Les gens ne s'y sont pas intéressés jusqu'à la Deuxième Guerre mondiale, au moment où certains officiers étrangers et des soldats se livrèrent à quelques combats occasionnels. Voilà pourquoi seulement quelques entraîneurs avaient une réelle expérience sur le ring. Les autres se fiaient à ce qu'ils avaient vu dans des films. C'était comme apprendre l'anglais avec quelqu'un qui n'avait jamais entendu la langue de Shakespeare de sa vie.

Heureusement, j'avais vu un bon nombre de combats au camp où les soldats américains, britanniques et russes vivaient pendant la guerre. J'avais étudié leur manière de se battre : leur positionnement, leurs mouvements de jambes, le rythme qu'ils donnaient à leurs coups. J'ai tout intégré dans mon propre style de combat. Un jour, j'ai même vu Joe Louis monter sur le ring. Il a boxé à vide contre quelques soldats américains. Ils ne se sont pas touchés mais ce fut tout de même amusant à regarder.

À la fin du combat, Joe est descendu du ring et s'est dirigé vers le grand hall d'entrée où des artistes chantaient. Comme j'étais petit, je suis parvenu jusqu'à lui en me dissimulant à travers la foule. Je lui ai lancé un « Bonjour ! » Il a souri, m'a serré la main, m'a donné une tape amicale dans le dos et s'en est allé.

J'aime toujours autant regarder des matchs de boxe à la télé. Cela reste un de mes passe-temps préférés. Comme je reçois sept cents chaînes de télé par satellite, j'ai l'impression qu'il y a toujours un match en cours quelque part. J'aime tout particulièrement Roy Jones Jr, Oscar de la Hoya et Evander Holyfield, car en plus d'être de bons boxeurs, ce sont des gens bien. Tellement de boxeurs ne savent rien faire d'autre que se battre. Ça passe sur le ring, mais en dehors, il faut avoir des qualités humaines et un peu de classe.

Enfin, j'ai attiré l'attention de Hans Ziglarski, un entraîneur du Nerou Rastey Club qui, lui, savait de quoi il parlait. Ziglarski avait participé aux Jeux olympiques de Los Angeles en 1932. Il avait remporté la médaille de bronze dans la catégorie des poids coq après avoir perdu un combat acharné face à Horace « Lefty » Gwynne.

Ziglarski m'a appris deux choses : d'une part, toujours se raser les aisselles. Comme ça, même si vous ne preniez qu'un bain par semaine comme moi, vous ne pueriez pas comme un phoque. Au début, ça me grattait terriblement, mais par la suite je m'y suis habitué et j'ai gardé cette habitude jusqu'à aujourd'hui. D'autre part, il m'a appris qu'on ne gagne pas un combat sur le ring ; on le gagne pendant les mois qui le précèdent. Si vous montez sur un ring bien préparé et en bonne santé, vous serez dur à battre.

Après des mois de préparation sous l'œil attentif de Ziglarski, les dessous de bras bien tondus, je montai sur le ring aux Championnats de Téhéran dans la catégorie des poids coq et remportai la compétition. Par la suite, je participai au tournoi national d'Iran, toujours dans la catégorie des poids coq, et de nouveau je m'imposai. Ma récompense fut une vraie médaille d'or de vingt-quatre carats, pliable… Elle me fut remise par le schah en personne. Enfin, je fus convié à participer aux essais qualificatifs en vue des Jeux olympiques de 1948. De nouveau je dominai ma catégorie et gagnai le droit de faire partie de l'équipe olympique.

J'avais dix-sept ans.

Les Jeux olympiques de 1948 furent uniques pour deux raisons. D'une part, c'était la première fois que l'Iran participait aux jeux. D'autre part, c'était la première fois que les jeux avaient lieu depuis 1936, année où Adolf Hitler les avait accueillis à Berlin (Hitler avait tenté de les saboter en essayant de démontrer la supposée « supériorité » de la race aryenne, mais l'exploit du sprinter noir américain Jesse Owens était venu contrecarrer ses projets). Le Japon, qui devait accueillir les jeux de 1940, avait décliné l'offre en 1938. Les représentants de la candidature nipponne attribuèrent cette décision au conflit incessant entre le Japon et la Chine. Désespéré, le Comité international olympique se démena pour transférer les jeux à Helsinki, en Finlande. Malheureusement, à l'approche de la guerre, l'Union soviétique envahit la Finlande, puis Hitler marcha sur la Pologne en 1939. Le projet tomba à l'eau. Et, bien entendu, l'annulation des jeux olympiques de 1944 en raison de la guerre était prévisible. Londres, désignée comme ville olympique des jeux de 1944, se trouvait sous les attaques incessantes de la Luftwaffe d'Hitler.

Après la victoire des Alliés en 1945, le Comité international olympique demanda de manière symbolique à Londres d'accueillir les jeux de 1948, même si une bonne partie de la ville avait été réduite à néant par les bombes ennemies. De manière tout aussi symbolique, le CIO ignora l'Allemagne et le Japon. Les athlètes de ces pays furent même exclus des jeux. L'Union soviétique, pourtant invitée, refusa d'y participer.

Pour ma part, c'était le Comité olympique iranien qui m'avait ignoré. De manière assez incroyable, et alors que je m'étais indubitablement qualifié pour les jeux, des représentants du comité m'annoncèrent que je n'allais pas y participer. « Tu es trop jeune, me dirent-ils. Tu n'as pas assez d'expérience. » Pour être honnête, je n'avais que dix-sept ans et je n'avais qu'un an de boxe derrière moi, mais j'avais battu tous ceux qui s'étaient trouvés sur ma route. D'ailleurs, comment pouvais-je acquérir de l'expérience si personne ne me donnait ma chance ? Je défendis ma cause, mais en vain. La décision était prise.

J'avais malgré tout un plan en tête.

J'écrivis une lettre au schah lui expliquant ma situation. Je ne me souviens plus exactement des termes employés, mais je lui signalais que malgré ma qualification au sein de l'équipe olympique iranienne, je m'étais vu interdire de participer aux jeux. Je reconnaissais avoir peu de chances de remporter une médaille, tout en l'assurant qu'une expérience à Londres me permettrait certainement de progresser et de mieux représenter l'Iran lors de compétitions ultérieures. Je lui demandais enfin s'il accepterait éventuellement de changer la décision du comité.

Ensuite, je demandai à l'une de mes connaissances, Aftondelian, de lui remettre cette lettre en mon nom. À l'époque, Aftondelian était le meilleur joueur de tennis d'Iran et il était souvent appelé à jouer avec le schah. Il accepta avec gentillesse et m'invita à me joindre à lui la prochaine fois que le schah lui demanderait de jouer dans son palais.

Quelques jours plus tard, je grimpais dans la jeep qui nous avait été envoyée pour nous conduire jusqu'au palais. Ma lettre était soigneusement rangée dans la poche intérieure de ma veste.

Lorsque nous arrivâmes, Aftondelian glissa la lettre sur la chaise du schah. Aftondelian avait sagement choisi de se laisser battre et regardait son adversaire engranger les coups gagnants. Pour ma part, j'attendais que le schah ouvre ma lettre, sans même oser respirer. Enfin, après ce qui me parut être une partie de tennis interminable, le schah, exténué, retira la lettre de son siège, s'assit et la lut. Puis il me regarda et me fit un petit signe de la tête.

Le lendemain, j'étais invité au camp d'entraînement de l'équipe olympique.

Le matin de notre départ pour Londres, le gouvernement envoya un bus afin de conduire les athlètes de l'équipe iranienne et leurs familles jusqu'à l'aéroport de Mehrabad à Téhéran. Mon sac était rempli jusqu'au bord de vêtements et de nourriture pour un ami de la famille qui allait à l'école à Londres. Lorsque mon tour vint, j'empoignai mon sac et montai dans le bus avec ma mère, mon père et mon frère Issar. Lorsque nous arrivâmes à l'aéroport, six mille personnes étaient là pour nous accueillir en criant et en nous acclamant pour nous souhaiter bonne chance.

Après avoir embrassé ma mère et serré la main de mon père et de mon frère pour leur dire au revoir, je traversai le tarmac et montai l'escalier de l'avion qui nous transporterait tous à Londres. Il y avait deux sièges de chaque côté du couloir central sur douze rangées au total, ce qui permettait d'accueillir toute l'équipe (trente-cinq athlètes, plus les entraîneurs). L'enthousiasme général était palpable, et les bavardages incessants ainsi que nos fous rires en témoignaient. Toute timidité naturelle que nous avions pu ressentir auparavant à l'égard de nos coéquipiers s'était estompée au cours de nos camps d'entraînement. D'ailleurs, la plupart des athlètes s'étaient déjà rencontrés lors de compétitions organisées par divers clubs de la ville.

Je pris possession d'un siège près d'un hublot et, lors de notre étape entre Téhéran et le Caire, je regardai avec fascination les mouettes qui apparaissaient comme autant de petites taches blanches sur la terre brune en dessous. Le vol se déroula sans le moindre souci. Je savais que d'autres athlètes avaient une peur bleue en avion, mais pour ma part j'étais tranquille. J'étais même ravi. C'était la première fois que je prenais l'avion. À vrai dire, c'était la première fois que je quittais Téhéran, tout simplement! Je comptais bien profiter de chaque seconde.

Après avoir fait le plein au Caire, nous fîmes halte à Rome, où nous passâmes la nuit dans un bel hôtel. Par je ne sais quel moyen, quelques athlètes parvinrent à égarer leur passeport alors que nous n'avions jamais quitté l'hôtel. Ils eurent peur de se faire refouler à la frontière anglaise, mais quelques coups de téléphone bien placés de la part de l'ambassade d'Iran leur permirent de passer la douane sans problèmes.

Enfin, presque vingt-quatre heures après notre départ d'Iran, nous arrivâmes à Londres, où je fus immédiatement frappé par le nombre incroyable d'avions se trouvant à l'aéroport. Contrairement à celui de Mehrabad, à Téhéran, où deux, voire trois avions décollaient et atterrissaient chaque semaine, l'aéroport d'Heathrow à Londres grouillait d'avions, au sol et dans les airs. Je regardai les avions qui amenaient des athlètes de partout dans le monde. Les anneaux olympiques étaient peints sur la queue de chaque appareil ainsi que sur la piste d'atterrissage. Je vis également atterrir l'avion privé du schah.

Après avoir récupéré nos bagages et passé la douane, nous nous entassâmes dans un car à deux étages qui nous conduisit jusque dans nos quartiers, à quelques pas du fameux Stade de

Wembley. Alors que le car traversait Londres à vive allure, un Anglais prit la parole en perse et nous mentionna certaines règles à suivre en Angleterre. Il nous conseilla vivement de ne pas cracher et de ne pas jeter nos ordures dans la rue.

Pendant son discours, je posai ma tête contre la fenêtre du bus et regardai la ville défiler sous mes yeux. La population londonienne était particulièrement dense et, pour moi, tout était nouveau : l'architecture, le temps, la circulation (relativement) bien organisée, le teint plutôt pâle des gens, les lumières brillantes, la nourriture, le bruit…

Cela avait beau faire trois ans que la guerre était finie, il y avait des soldats partout. Des débris et des décombres se trouvaient sur les lieux où s'élevaient autrefois de grands bâtiments, témoins du fameux Blitz de 1940. En 1948, pendant l'après-guerre, la Grande-Bretagne souffrait encore de la dépression. Le rationnement du pain resta en vigueur jusqu'à l'ouverture officielle des jeux. La construction de nouveaux édifices ne figurait pas dans le budget du comité d'organisation. À la place, d'anciens sites de secours tels que le Stade de Wembley et l'Empire Pool (piscine olympique), voisine du premier, servirent de lieux phares. De même, il n'était pas question de construire un village olympique. Les organisateurs furent donc contraints d'entasser les athlètes dans des campus universitaires et des casernes de l'armée tout autour de la ville. Je logeais pour ma part dans des baraquements à deux étages construits en grand nombre pendant la guerre pour accueillir les soldats américains. À vrai dire, mes quartiers n'étaient pas bien différents de ceux que j'occupais chez moi en Iran : nous étions dix boxeurs dans une pièce.

La cérémonie d'ouverture au Stade de Wembley fut un événement mémorable. Elle eut lieu le jeudi 29 juillet 1948. Si ma mémoire est bonne, ce fut le seul jour de tous les jeux qui ne connut pas de pluie. Les athlètes, plus de quatre mille en tout, se réunirent dans le stade. Comme les pays faisaient leur entrée en ordre alphabétique, les athlètes indiens et iraquiens nous prenaient en sandwich. Alors que la plupart des autres athlètes portaient des costumes ordinaires, nous portions des uniformes à col bleu marine et des chapeaux blancs qui nous donnaient des airs de policiers. Malgré tout, nous étions à l'aise. Tout autour de nous, les athlètes prenaient des photos avec leurs propres appareils alors que, bien entendu, ni moi ni aucun de mes coéquipiers iraniens n'en avions. Un appareil photo était considéré comme un luxe, tout comme une montre. (Nous avions emmené un photographe pour toute l'équipe, mais il fallait sacrément lui faire de la lèche pour qu'il daigne prendre une photo.) Lorsque la horde d'athlètes se rassembla devant le roi George, nous nous arrêtâmes et tournâmes afin de nous trouver face à lui. Après une sonnerie de trompettes et une salve de vingt et un coups de canon, le drapeau olympique s'éleva, la flamme olympique s'alluma et les organisateurs lâchèrent des milliers de pigeons dans le ciel. Chaque pigeon représentait un athlète.

Ils avaient passé tellement de temps en cage que la moitié d'entre eux s'écroulèrent à mi-vol.

Par la suite, deux membres de chaque équipe furent conviés à prendre le thé à Buckingham Palace et, comme j'étais le plus jeune membre de l'équipe iranienne, je fus choisi avec le lutteur de l'équipe, sélectionné pour son immense talent. Je fus reçu au palais avec mon coéquipier. Nous étions tous deux chaperonnés par un général iranien. Nous bûmes du thé anglais et mangeâmes quelques cookies. Jusqu'alors, je n'avais mangé que ces deux cookies au palais du schah. À la maison, les friandises se résumaient à quelques raisins, dattes et autres fruits de ce type. Ce jour-là, je mangeai en toute allégresse tout en sachant que je devrais me peser le jour suivant. Heureusement, je n'ai pas dépassé le poids limite de ma catégorie. Plus tard, je serrai la main du roi et de la reine d'Angleterre. Le roi George m'adressa quelques mots, mais comme je ne parlais pas anglais, je ne pouvais que hocher bêtement la tête avant que les gardes m'escortent jusqu'à la sortie.

En tant qu'athlète olympique, j'avais accès à toutes les compétitions auxquelles je souhaitais assister. Je pouvais également prendre le métro et l'autobus gratuitement. Les jours précédant mes combats, je regardais beaucoup de soccer, de natation, de lutte et d'athlétisme, sport qui à l'époque se déroulait au début des jeux plutôt qu'à la fin. J'étais extrêmement fier de voir un de mes coéquipiers participer au marathon. C'était un type maigrichon qui gesticulait dans tous les sens. Il termina bien loin des trois médaillés. Néanmoins, il passa la ligne d'arrivée, ce qui représentait, selon moi, un exploit indicible. Cette année-là, la Néerlandaise de trente ans Fanny Blankers-Koen parvint à enflammer le stade en réalisant un grand Chelem en sprint. Elle décrocha l'or aux 100 et 200 mètres, au 80 mètres haies et en tant que dernière relayeuse du relais 4 × 100 mètres.

Ce fut finalement mon tour d'entrer dans la compétition. À ces jeux, l'Empire Pool (rebaptisée Wembley Arena par la suite) accueillait les rencontres de boxe en plus des compétitions de natation. Dans le ventre de l'amphithéâtre, les organisateurs avaient construit six rings de boxe. Je sentis la tension monter en moi au moment de monter sur le ring. Du haut de son mètre quatre-vingt-huit (à un ou deux centimètres près), mon premier adversaire, un Espagnol, me donnait l'impression d'être un nain. Il avait de longs bras, ce qui jouait contre moi, mais je me disais que son gabarit (il était maigre comme un clou) le rendait vulnérable. Après lui avoir porté plusieurs coups pendant la rencontre, je retournai dans mon coin. Mon entraîneur exultait : «Tu as gagné, tu as gagné!» me dit-il. Malheureusement, les juges en avaient décidé autrement. (L'année suivante, ce même

Espagnol remporta les Championnats d'Europe dans la catégorie des poids welters.) Mon deuxième et dernier combat se déroula face à un Sud-Africain et s'acheva de la même manière.

Cela peut sembler de l'amertume de ma part, mais j'ai eu le sentiment que les juges n'avaient pas été impartiaux dans leur décision et que ma prestation sur le ring n'avait pas été prise en compte. J'ai eu l'impression que la politique, et non la boxe, avait décidé de mon destin. Cela tient parfois à un rien : quelques juges anti-Iraniens ou pro-Espagnols, voire pro-Sud-Africains. Il suffit parfois qu'un juge préfère un athlète à un autre pour une raison inconnue. Il en est toujours ainsi lorsqu'il y a des juges dans le sport. Regardez ce qui est arrivé à Roy Jones Jr en finale des poids super mi-moyens aux jeux de Séoul en 1988. Alors qu'il avait complètement assommé son adversaire, le Sud-Coréen Si-Hun Park, Jones perdit quand même le combat. Dans ce cas particulier, une enquête s'ensuivit et révéla que les juges avaient accepté des pots-de-vin de la part de représentants coréens. Je n'avais pas eu cette chance.

Comme j'avais été sorti de la compétition de manière quelque peu prématurée et que j'avais du temps à tuer, je décidai de me rendre au All England Lawn Tennis & Croquet Club, où se déroule toujours le tournoi de tennis professionnel de Wimbledon. Au début, je pensais que ce tournoi se jouait au Stade de Wembley. Je ne percevais pas la différence de prononciation. C'est en arrivant à Londres que j'ai compris. Les soldats britanniques de l'église américaine m'avaient parlé de Wimbledon. Ce tournoi était réservé aux amateurs et il allait le rester jusqu'en 1968. Un ancien vainqueur du tournoi dont le nom m'échappe était même venu jouer un match amical à la base de Téhéran. Dans ma ville natale, lorsque je m'entraînais contre le mur de l'église, j'imaginais que je jouais la finale de Wimbledon. Parfois, mes adversaires étaient Fred Perry ou Don Budge. Quoi qu'il arrive, je gagnais toujours.

Déjà à cette époque, les athlètes avaient des groupies. J'avais reconnu l'une d'entre elles après l'avoir croisée à plusieurs reprises du côté du stade. Je lui demandai de m'indiquer comment me rendre à Wimbledon. Elle s'appelait Adrienne Perry, et son père accepta gentiment de m'y conduire. À l'époque, le club n'était pas comme aujourd'hui. De nos jours, il est à peine possible de s'en approcher. Or, on nous a laissés visiter l'intérieur. Ils maugréèrent un peu au début mais, en voyant mon uniforme olympique, ils m'ouvrirent les portes. Ce fameux court de tennis était d'un vert magnifique, mais il n'y avait pas de joueurs. Ils avaient enlevé le filet. Mes yeux se posèrent sur la tribune royale. Pendant la guerre, une bombe bien placée avait atterri sur le court central. Plus de mille places furent détruites mais, en 1948, les dégâts n'étaient plus visibles. Autour du court, il y avait déjà des milliers de sièges, mais pas autant qu'aujourd'hui. J'observais ce calme et cette tranquillité tout en imaginant l'ambiance électrique qui devait régner lors des rencontres.

Je savais que je ne participerais jamais au tournoi de Wimbledon. Je deviendrais probablement un joueur correct, mais je ne pourrais jamais prétendre rivaliser avec les meilleurs joueurs mondiaux. L'accès aux plus hautes sphères du tennis m'était refusé en raison de mon statut social et de la situation financière de ma famille. Pourtant, un jour d'été, alors que je méditais sur la perfection de ce court de tennis, je rêvai qu'un jour, d'une manière ou d'une autre, un membre de ma famille remporterait ce tournoi. Quarante-quatre ans plus tard, en 1992, mon fils Andre concrétisa ce rêve.

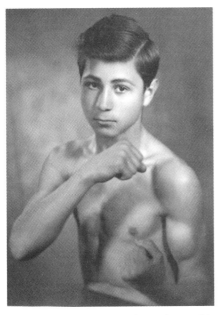

Mike Agassi, couronné champion poids coq, Téhéran, Iran, 1948.

Mike à l'église missionnaire américaine de Téhéran, Iran, 1949.

Mike dans le ring, au Nerou Rastey Club, Téhéran, 1949.

Mike (à l'extrême gauche) en compagnie de Benny et David, des amis boxeurs, et de Lucy, 1950.

Mike (sixième à partir de la droite), Égypte, 1950.

Mike à l'extérieur du gymnase, à Téhéran,
au cours d'un entraînement de boxe, 1951.

Amis et professeurs réunis au dernier jour d'école, 1951.

Mike serre la main du schah d'Iran, au palais royal, 1952.

Mike en compagnie de son entraîneur de boxe, Hans Ziglarski, Helsinki, 1952.

Mike aux Jeux olympiques, avec Nick Khah, boxeur poids coq, Helsinki, 1952.

Les parents de Mike, Noonia et David Aghassian, Téhéran, Iran, 1952.

Mike avec sa mère et son cousin Joseph.

Le mariage de Mike et Betty, restaurant Ivanhoe, Chicago, 1959.

Betty et Mike, nouveaux mariés, en compagnie d'Helen,
la sœur de Mike, Chicago, 1960.

Mike et Sam Agassi, Chicago, 1961.

Mike, Rita et Betty, Chicago, 1961.

Sam et Rita, 1961.

Mike, près de la maison de la rue Tara, à Las Vegas.

Betty, Rita et Phillip, Las Vegas, 1963.

Rita, Betty et Phillip, Las Vegas, 1964.

Phillip et Mike sur le court, Las Vegas, 1966.

Mike donne une leçon de tennis à Phillip et Rita, 1966.

La mère de Mike avec Tami Agassi, Las Vegas, 1969.

Mike, John Wojcik, Phillip, Rita, Mariann Wojcik, John fils et Madame Wojcik, hôtel Landmark, Las Vegas,1970.

Rita et Phillip, sur un court de tennis de l'hôtel Tropicana, Las Vegas, 1971.

Andre, Phillip et Rita, Las Vegas, 1974.

Rita, gagnante du tournoi Redland, Californie, 1974.

CHAPITRE TROIS

> L'Amérique bat dans le cœur de tous les hommes de la planète qui rêvent de trouver un endroit où ils seront libres d'accomplir leur destin.
>
> Woodrow Wilson

Même si, en tant que groupe, l'équipe olympique iranienne n'avait pas vraiment brillé lors des Jeux olympiques de Londres (seul l'haltérophile Jafar Salmasi était parvenu à décrocher une médaille de bronze), nous fûmes accueillis comme des rois à notre retour, y compris par le roi lui-même ! Nous fûmes invités à prendre le thé à plusieurs reprises au palais, et le schah nous envoya des cadeaux pour nos anniversaires. Nous étions dans les journaux. Nous étions devenus des stars. Des inconnus nous arrêtaient dans la rue pour nous serrer la main.

Pour un gamin qui avait grandi dans la pauvreté et qui avait toujours été traité comme un étranger ou un moins que rien, cela faisait chaud au cœur.

Voilà pourquoi, même si je préférais le tennis, je me suis consacré à la boxe. J'arrivais encore parfois à jouer au tennis ici et là, lorsque j'en avais l'occasion. Cependant, même à dix-sept ans, j'étais assez futé pour comprendre que mon avenir se trouvait dans la boxe et non dans le tennis, du moins à court terme. Ainsi, lors des années qui suivirent les jeux de 1948, à moins d'être à l'école de l'église américaine ou chez moi avec ma famille, je passais le plus clair de mon temps sur le ring du Nerou Rastey Club, ou à me battre à l'étranger : en Égypte, en Italie et en Turquie. Mon esprit était tourné vers les Jeux olympiques de 1952, à Helsinki.

Tout comme la fois précédente, je remportai les Championnats de Téhéran en 1952, cette fois dans la catégorie des poids plume, puis les Championnats nationaux. J'étais de nouveau qualifié pour les Jeux olympiques.

Cette fois, personne ne remit en question ma qualification.

Les jeux d'Helsinki purent être mieux organisés que ceux de Londres. À la différence de la Grande-Bretagne, la Finlande put faire construire des stades modernes pour l'occasion. De même, les logements offerts aux athlètes étaient incomparables. À Londres, ils étaient logés là où il y avait de la place. À Helsinki, les cinq mille athlètes de soixante-neuf nationalités différentes furent logés dans un magnifique Village olympique. Même les anciennes nations ennemies (le Japon et l'Allemagne) étaient présentes. L'Union soviétique, qui participait aux jeux pour la première fois depuis la chute du tsar, exigea un village séparé pour ses athlètes. Les Finlandais acceptèrent cette requête, avec un brin d'amertume.

Les résultats des Iraniens furent bien meilleurs qu'en 1948. Nous avons récolté sept médailles au total : deux en argent et trois en bronze en lutte libre, puis deux en haltérophilie, soit une en argent et une en bronze. En ce qui me concerne, mes combats se conclurent de la même manière qu'à Londres. À deux reprises je pensais avoir achevé mon adversaire, et à deux reprises ils furent déclarés vainqueurs.

Qu'à cela ne tienne. Cela me donnait plus de temps pour regarder mes coéquipiers. Je suis allé voir de l'athlétisme et du soccer. J'ai également regardé la finale de boxe des poids lourds. Lors de ce combat pour l'or, l'Américain Ed Sanders et le Suédois Ingemar Johansson se sont distribué des coups d'une violence rare. À vrai dire, ce n'est pas tout à fait juste. Le Suédois semblait plutôt tétanisé par la taille et les qualités de son adversaire. Chaque fois qu'Ed s'approchait de lui, il reculait. En fait, Johansson avait pour stratégie de se tenir le plus possible à l'écart de son adversaire afin d'inciter l'arbitre à disqualifier ce dernier pour « manque de combativité ».

Malheureusement, Ed mourut à l'automne 1952 après avoir reçu un coup à la tête pendant un combat contre Willy James. Sept ans plus tard, Johansson fut couronné champion du monde des poids lourds en battant Floyd Patterson par K.-O. Vu la nette domination de Sanders lors des jeux de 1952, on ne peut que se demander ce qu'aurait été son palmarès s'il avait continué.

En ce qui me concerne, le point culminant des jeux fut ma poignée de main avec la légende vivante de la boxe, l'Allemand Max Schmeling. Ce dernier était devenu célèbre en battant Joe Louis à la surprise générale, en 1936, alors qu'il était donné perdant à dix contre un. Schmeling fit chuter son adversaire dès la quatrième reprise et le mit K.-O. à la douzième. (Malgré les couleurs différentes de leur peau, Schmeling et Louis, un Aryen et un Noir, allaient devenir de très bons amis. Schmeling allait même faire partie du cortège à l'enterrement de Louis.) Lorsque Hitler tenta de se servir de l'exploit de Schmeling pour prouver la supériorité de la race aryenne, ce dernier fut injustement condamné dans le monde. En vérité, Schmeling avait défié Hitler en refusant de s'inscrire au Parti nazi. Il avait également refusé de militer pour l'idéologie nazie et de congédier son gérant, un juif américain. Par contre, il avait continué de s'associer à des juifs allemands. Pour se venger, Hitler l'envoya se battre pour l'Allemagne pendant la guerre en tant que parachutiste, espérant ainsi qu'il se fasse tuer. Au grand désespoir du Führer, Schmeling revenait sain et sauf de chaque mission suicide, le sourire aux lèvres. Un autre témoignage démontra également l'élan de solidarité auquel participa Schmeling : Henri Levin, un juif allemand qui devint par la suite l'un des plus grands hôteliers de Las Vegas, raconta que Schmeling leur avait sauvé la vie, à lui et à son frère, en les cachant dans son appartement de Berlin pendant le pogrom de Kristallnacht (la Nuit de cristal). Le boxeur allemand les aida par la suite à fuir le pays.

Plus je voyageais et plus je me rendais compte de la déchéance qui sévissait en Iran. Il y avait tout d'abord les conditions de vie de ma famille : nous étions tous entassés dans une pièce dont le sol était en terre. C'est difficile à accepter lorsqu'on a connu une bonne nuit de sommeil dans un bel hôtel. Il m'était encore plus pénible de faire la queue avec mes voisins afin d'utiliser des toilettes, qui ne consistaient qu'en un trou infect dans le sol, alors que j'avais connu le doux plaisir des toilettes à l'occidentale. Je pensais également à mon père qui, à presque soixante-dix ans, s'était à moitié tué au travail pour une misère (quand on daignait le payer). Même tous les avantages que m'apportait mon statut d'athlète, ces soirées au palais du schah et ces clins d'œil de la presse n'étaient pas suffisants. Je savais que ma carrière de boxeur ne durerait pas éternellement. À un moment ou à un autre, je serais trop vieux pour me battre et je devrais prendre ma retraite. Et ensuite ?

En 1951, une décision politique ne fit qu'aggraver le sort de ma famille. Le premier ministre Mohammed Mossadeq força le Majlis à nationaliser les entreprises pétrolières appartenant aux Britanniques. Ce geste allait directement à l'encontre de la politique du schah, et la Grande-Bretagne imposa des sanctions économiques touchant principalement la classe populaire dont nous faisions partie. D'un point de vue politique, nous nous trouvions dans une période délicate. Mossadeq fut chassé du pays en 1952 et revint se venger, ayant acquis plus de pouvoir qu'auparavant. Il persuada Muhammad Reza Shah de fuir la même année. Le schah revint en 1953 et causa la chute de Mossadeq avec l'aide de la CIA. On ne peut pas dire que l'Iran a été un pays stable pendant cette période.

Je tournai donc mon regard vers l'Amérique.

Mon attirance pour les États-Unis venait sans aucun doute de la gentillesse que m'avaient témoignée les soldats américains stationnés à Téhéran pendant la guerre. Cependant, je dois bien dire que tout le monde en Iran voulait aller aux États-Unis. Nous avions tous compris qu'en Amérique, n'importe qui pouvait devenir riche. Tout le monde pouvait avoir une voiture, une maison et une femme. Qui que vous soyez et d'où que vous veniez, vous pouviez réussir, à condition de travailler dur.

Au moment de quitter l'Iran, deux problèmes se posaient à moi. Premièrement, tout homme en bonne santé et âgé d'au moins vingt ans devait servir dans l'armée iranienne pendant deux ans. Inutile de préciser qu'en tant qu'athlète olympique de vingt et un ans, j'étais considéré comme « en bonne santé ». Deuxièmement, les Iraniens n'ayant pas effectué leur service militaire n'avaient pas le droit d'avoir de passeport, sauf des cas exceptionnels. Par exemple, un athlète contraint de se déplacer à l'étranger pour participer aux Jeux olympiques de 1948 et de 1952 avait droit à un passeport. Malheureusement, j'avais dû rendre le mien à mon retour des jeux d'Helsinki. Par la suite, il fut rangé dans un coffre, lui-même caché dans des bureaux du gouvernement situés dans une arène sportive d'où il ne devait pas bouger jusqu'à ce que j'aie rempli mon devoir civique.

Ayant prévu mon départ, j'avais un plan : avant de rendre mon passeport, j'avais dessiné un point noir au marqueur au bas de la couverture. Le point était suffisamment visible pour que je puisse le reconnaître dans un gros tas de passeports. Or, il s'avéra qu'un jour je me trouvais dans ce fameux bureau où étaient rangés les passeports et que, par le plus grand des hasards, je remarquai le mien dans une pile. Toujours par le plus grand des hasards, mon passeport se retrouva dans ma poche à un moment où personne n'était là.

Une fois mon passeport en main, j'appelai mon frère Samuel, qui avait déjà effectué son service et émigré aux États-Unis en 1950. Samuel vivait à Chicago. Son emploi de serveur au Conrad Hilton lui permettait de bien gagner sa vie. Il m'envoya de l'argent afin d'acheter un billet d'avion pour New York. Je comptais prendre le car de New York jusqu'à Chicago.

En général, lorsque vous achetiez un billet d'avion, vous deviez montrer votre passeport à l'agent de réservation, qui appelait ensuite le gouvernement iranien afin de s'assurer que vous aviez bien le droit de quitter le pays. S'ils avaient téléphoné, je ne serais jamais parti. Un jour de novembre 1952, à huit heures du matin, j'achetai un billet pour un vol à quatre heures de l'après-midi le même jour. Lorsque l'agent me demanda mon passeport, je lui répondis que je le lui apporterais plus tard dans la journée. J'ai malencontreusement «oublié» de revenir le lui montrer. Je suis plutôt rentré chez moi, billet en main, j'ai pris mes affaires et me suis dirigé vers l'aéroport.

Avant de partir, j'ai dit au revoir à ma famille. Ce fut difficile. J'étais content d'aller aux États-Unis mais je savais que je ne reviendrais jamais. Je pensais revoir ma mère, mes frères et ma sœur; ils allaient peut-être venir nous rejoindre, moi et Sam. Je savais par contre que c'était la dernière fois que je voyais mon père, qui approchait les soixante-dix ans.

«Ne nous oublie pas, dit mon père. Ne nous oublie pas.» Il serra sa Bible entre mes mains. Il avait beau ne jamais nous embrasser, cette fois il fit exception. Ma mère était plus démonstrative, pleurant, m'embrassant.

Comme je l'avais prédit, ce fut la dernière fois que je vis mon père. Il mourut de vieillesse dix ans plus tard, en 1962, et fut enterré au cimetière arménien de Téhéran. Encore aujourd'hui, cela me déchire le cœur d'y repenser.

Au moment d'embarquer, à l'aéroport, deux agents du gouvernement entrèrent pour examiner les passeports de tous les passagers. Mon cœur se mit à battre la chamade. J'essayais tant bien que mal de me dissimuler dans la queue. J'étais pétrifié. Et s'ils découvraient ce que j'avais fait? Irais-je en prison? Ou pire? Je devais faire face à la situation. Quoi qu'il advienne, je devais au moins essayer de partir.

« Passeport », demanda l'un des agents d'un ton sévère.

La gorge nouée, je le lui remis. Je retins mon souffle pendant que l'agent tournait les pages.

« Emmanuel Agassi », dit-il en relevant un sourcil, tel un corbeau. Je hochai la tête pour acquiescer. Mon Dieu, c'était fini! Ils allaient me passer les menottes et me sortir de l'aéroport. Je le savais.

Puis, par je ne sais quel miracle, un large sourire traversa son visage. « Le boxeur! s'exclama-t-il. Des Jeux olympiques!

– Oui! lui dis-je en souriant. Exactement!

– C'est Emmanuel Agassi! Le boxeur! dit l'agent à ses collègues en me montrant du doigt.

– Des Jeux olympiques! » dirent ses collègues.

Oh mon Dieu! pensai-je. J'allais peut-être m'en sortir. Il fallait cependant que je parvienne à conclure cette affaire.

« Vous savez quoi, dis-je en sortant une liasse de billets de ma poche en toute désinvolture (l'équivalent de dix dollars), je ne pourrai pas utiliser cet argent où je vais. Vous le voulez?

L'agent accepta mon cadeau avec reconnaissance, jeta un dernier coup d'œil à mon passeport et me laissa passer.

Je descendis l'escalier qui menait jusqu'à l'avion. Je trouvai mon siège et pris place calmement. Respire, pensai-je ; agis comme si de rien n'était. Je restai dans la même position, terrifié, jusqu'à ce que l'avion décolle. Ce n'est qu'une fois en l'air que je parvins enfin à me détendre.

Tout comme mes parents avant moi, je quittais ma terre natale, et tout comme eux, je n'allais jamais y revenir.

J'étais trop excité pour dormir entre Téhéran et Paris. Voilà pourquoi, à mon arrivée en France, j'étais éreinté. À ma sortie de l'avion, je posai soigneusement mes sacs derrière ma chaise dans l'enceinte du terminal et m'endormis. J'avais fait exprès de prendre un minimum d'affaires avec moi : quelques effets personnels dans une valise, mon passeport, mon carnet de santé (comprenant plusieurs radios des poumons, une radio du crâne, ainsi que le résultat de plusieurs analyses de sang et d'urine faites pour les jeux d'Helsinki) et un sac de riz de presque cinq kilos que j'avais bêtement accepté de remettre au fils d'un voisin. Mes préparatifs minutieux ne servirent finalement à rien. L'appel de mon vol me réveilla soudainement. Pris de panique, je me précipitai vers la porte, laissant derrière moi mon passeport, mon carnet de santé et tout le reste. Il me fallut plusieurs heures pour me rendre compte de ma négligence. Alors que nous volions au-dessus de l'océan Atlantique, je fis irruption dans le cockpit de l'avion (c'était bien avant que les portes soient mieux cadenassées que les coffres d'une banque suisse) et suppliai les pilotes de faire demi-tour. Bien entendu, ils refusèrent. Cependant, touchés par mon désespoir, ils parvinrent à retrouver mes papiers par radio et m'assurèrent qu'ils me seraient envoyés par le prochain vol.

Comme promis, mes affaires arrivèrent, mais sans que je puisse être présent pour les récupérer. Entre-temps, on m'avait transféré à Ellis Island. J'y restai deux semaines et demie sans explications. Je fus bien traité. Nous étions dix dans la même pièce (comme à la maison!) et recevions trois repas par jour. J'avais tout de même peur, car tout le monde autour de moi, des détenus jusqu'aux responsables, venait d'ailleurs et parlait une langue différente. De plus, bien que mon passeport et mon carnet de santé fussent arrivés peu après mon arrivée aux États-Unis, les officiers d'immigration demandèrent que je sois de nouveau examiné afin de s'assurer que je n'avais pas contracté de maladie au contact des autres immigrés lors de mon séjour à Ellis Island. Tout comme aux jeux d'Helsinki, je passai des analyses sanguines et urinaires, ainsi que des radios des poumons et du crâne. Cela ne me dérangeait pas du tout, mais les officiers d'immigration confondirent mes résultats avec ceux d'un autre dont le nom était similaire. Ils me refusèrent l'entrée aux États-Unis, car, selon eux, j'avais un souffle au cœur. Deux jours plus tard, ils m'annoncèrent que c'était une erreur. Je ne m'étais jamais senti aussi soulagé de toute ma vie.

Enfin, après dix-sept jours d'attente, j'obtins la permission d'entrer dans le pays. Ils m'expédièrent en bateau à Manhattan, où un taxi m'attendait.

«Vous allez où? me demanda le chauffeur.

– À Chicago», lui répondis-je.

Après un moment d'incertitude, nous arrivâmes à la conclusion que je ne voulais pas exactement aller à Chicago en taxi. Je voulais plutôt aller à la gare routière afin de prendre un car pour la «Ville des vents».

«Pourquoi ne pas prendre le train? me demanda-t-il.

Je lui répondis en faisant de mon mieux dans mon anglais restreint :

– Dans un car, je peux voir mieux. »

Après avoir payé le taxi, dépensé vingt-deux dollars pour mon ticket de car et déboursé pas mal d'argent pour appeler mon frère à Chicago afin de lui dire que j'arrivais, je pouvais enfin commencer mon voyage.

Je n'avais que quatre dollars en poche.

L'agitation de New York était à l'image de l'Amérique dont j'avais rêvé pendant des années. Je fus sous le choc en voyant le contraste avec les immenses terres désertes de part et d'autre de l'autoroute à l'extérieur de la ville. Dans ce sens, l'Amérique n'était pas si différente de l'Iran. Je fus également déçu de m'apercevoir que le car avait tendance à passer à côté de toutes les grandes villes se trouvant sur notre chemin. Comme il était quasiment vide, je regardai en silence les champs et les forêts défiler sous mes yeux. J'appris sur la route quelques mots anglais tels que *limit*, comme dans *city limit*.

Le bus s'arrêtait régulièrement devant des restaurants. Le chauffeur annonçait « Vous avez vingt minutes ! » mais je n'avais pas de montre. De toute manière, je n'avais pas beaucoup d'argent. Par conséquent, au lieu de prendre un vrai repas, je mangeais des friandises. Pendant tout mon trajet, long de vingt-huit heures, j'ai tenu en ne mangeant que du chocolat, que j'achetais à vingt-cinq cents pour cinq tablettes dans des distributeurs automatiques.

Après un voyage interminable depuis Téhéran, j'arrivai enfin à Chicago. Nous étions le 7 décembre 1952. Alors que le car se dirigeait vers la gare, je m'imprégnais des lumières de la ville, de ses grands bâtiments en forme de tours et de ses rues gigantesques. Mon frère Sam m'attendait à l'extérieur de la gare, juste à côté de sa toute nouvelle Ford bleue, modèle deux portes de 1952, preuve vivante que le rêve américain n'était pas qu'un rêve. Nous nous rendîmes en voiture jusqu'au YMCA, qu'il appelait son « chez lui ». Après avoir payé pour se garer (cela m'avait choqué), nous avons encore dû débourser quatorze dollars afin de me louer une chambre pour une semaine.

« Nom ? » demanda le réceptionniste.

Les noms sont tellement importants. Ils jouent un rôle primordial dans la personnalité des gens. Prenez « Phil ». Avez-vous déjà rencontré un Phil qui ne soit pas décontracté ? Mon fils aîné s'appelle Phil, le diminutif de Phillip. Il n'y a pas plus décontracté que lui. Prenez encore « Andre ». C'est un nom agressif et étincelant. Voilà ce que mon fils est devenu.

Je réfléchis donc un instant et répondis : « Mike Agassi ». Mike était un nom simple qui me plaisait. Cela faisait américain. C'était un nom honorable. Plus important encore, c'était un nom que je savais écrire. Très vite, je m'inscrivis à un cours d'anglais au YMCA et trouvai un emploi à l'hôtel Conrad Hilton en tant que liftier. Je commençai dans l'ascenseur de service, mais comme j'étais toujours présentable, propre et rasé de près, ainsi que mon ancien entraîneur Hans Ziglarski me l'avait appris, je fus vite promu à l'ascenseur public. Cependant, je fus choqué d'entendre des clients demander qu'on leur monte des filles pour s'amuser et je demandai qu'on me renvoie à l'ascenseur de service. Mon supérieur n'y vit pas d'inconvénient. Je trouvai également un appartement dans Huron Street, près de mon lieu de travail. C'était un deux-pièces que je partageais avec d'autres employés. Par rapport à ce que j'avais connu en Iran, c'était le paradis. Cela dit, je dois bien admettre que n'importe quel appartement m'aurait fait le même effet, pourvu qu'il eût de vraies toilettes.

Comme je savais que je devrais m'inscrire à plusieurs cours afin de renouveler mon visa, j'envoyai une demande d'inscription à l'Université Roosevelt, où mon frère étudiait. (Par chance, il avait épousé une Américaine peu après son arrivée à Chicago, ce qui lui avait permis d'obtenir rapidement sa *green card)*. Bien que l'université eût rejeté ma demande (mon niveau d'anglais était insuffisant), on m'autorisa à suivre des cours généraux. Au début, le seul cours que je pouvais prendre était un cours de maths, parce qu'il n'exigeait pas un haut niveau d'anglais (j'étais bien allé à l'école de l'église américaine de Téhéran, mais les cours s'y déroulaient en perse) et que j'avais déjà étudié une bonne partie du programme en Iran. Mon expérience m'aida à devenir un assez bon élève. Finalement, l'université m'accepta en tant qu'étudiant à part entière. J'obtins ma licence de mathématiques (option physique) en 1959.

Lors des premiers mois, mon incapacité à m'exprimer en anglais me handicapait énormément. Le plus dur fut de comprendre l'argot. Quelqu'un me disait « Ça gaze ? » et je me demandais « Pourquoi parle-t-il de gaz ? Ça sent le gaz ? » Pire encore, un grand nombre de mots ont le même son en anglais, tout en ayant des sens différents. Cela me posait vraiment problème. Heureusement, le perse partageait quelques racines avec l'anglais et certains mots se ressemblaient. Par exemple, frère se dit *beradar* en perse (en anglais, *brother*), père se dit *fedar* (en anglais, *father*), et mère se dit *medar* (en anglais, *mother*). Je m'imprégnai lentement de la langue, mais il me fallut un certain temps.

À plusieurs reprises, mes qualités de boxeur me furent utiles. Tout d'abord, au lendemain de mon arrivée à Chicago, lorsque certains clients de l'auberge se montrèrent, disons, un peu trop à l'aise avec moi sous la douche commune. Comme j'étais timide et que je préférais prendre ma douche avec mon caleçon, des types (et d'autres individus plutôt étranges) tentèrent de m'embêter en me baissant mon caleçon. L'un d'entre eux se retrouva très vite K.-O. au sol après qu'il se fut pris mon poing dans la figure. Ce fut toute une histoire. La police vint et mon frère dut expliquer ce qui s'était passé. Quoi qu'il en soit, personne ne revint jamais m'embêter sous la douche.

Une autre fois, alors que j'avais entamé des études d'ingénierie à l'Université Roosevelt, je rentrais tranquillement à pied en faisant attention aux flaques d'eau qui avaient inondé le trottoir (je ne voulais pas abîmer mes chaussures), transportant un gigantesque portfolio rempli de croquis que j'avais dessinés pour mes cours. Tout d'un coup, un type me rentra violemment dedans et mes croquis volèrent dans tous les sens. Lorsque je relevai la tête pour voir qui m'avait bousculé, je vis trois types au-dessus de moi, comme dans un film. Alors que je me relevais, l'un d'entre eux s'approcha et m'aboya dessus en anglais. Je ne comprenais pas exactement ce qu'il disait, mais je voyais bien qu'il cherchait la bagarre. Je gardai mon sang-froid et tentai de comprendre ce qui se passait, tout en gardant un œil sur ses mains et l'autre sur les deux types derrière lui. Il tendit son poing en arrière, prêt à me frapper. Avant qu'il ait eu le temps d'esquisser un autre geste, je le mis K.-O. en lui envoyant un crochet du droit dans la figure. Un des deux autres me sauta dessus, mais je l'expédiai également par terre. Le troisième prit ses jambes à son cou.

Le temps que je reprenne mes esprits ainsi que mes croquis, deux agents de police étaient arrivés. Ils essayèrent de me parler mais je ne maîtrisais pas assez bien l'anglais pour suivre ce qu'ils me disaient. Ils avaient compris en voyant mes vêtements et mon portfolio que je n'étais pas un sans-abri qui cherchait la bagarre. Pour finir, ils nous emmenèrent tous les trois au poste (les deux types que j'avais mis par terre et moi) et demandèrent à un interprète de l'ambassade d'Iran de servir de médiateur. Nous portâmes plainte tous les trois mais, alors que nous devions passer devant le juge un mois plus tard, nous réglâmes l'affaire à l'amiable. Ce fut un vrai calvaire et j'étais soulagé d'en avoir fini. Après cette histoire, j'étais plus que jamais déterminé à progresser en anglais.

En plus de m'inciter à améliorer mon anglais, ces deux épreuves me rappelèrent vivement que j'avais des qualités de boxeur. Très vite je m'intéressai au milieu de la boxe de Chicago. Un jour, un de mes cousins du côté de mon père, Sam Ohannes, m'emmena à son club de boxe : le Club de la jeunesse catholique. C'était une salle de boxe gratuite, à un pâté de maisons de l'Université Roosevelt. Il me présenta à tout le monde. La salle de sport était bien équipée : il y avait des gants, un ring et des punching-balls.

Dès le premier jour, je me changeai et enfilai leurs gants. Ils étaient quelque peu différents des gants traditionnels, mais je commençai malgré tout à frapper dans le sac. En quelques minutes, un groupe d'entraîneurs se forma autour de moi. Ils constatèrent que j'étais rapide et que j'avais une frappe solide.

Je revins le lendemain et, de nouveau, les entraîneurs me collèrent devant un punching-ball. Cette fois, il y avait un nouvel entraîneur parmi les autres : Tony Zale. Ce dernier faisait indiscutablement partie des meilleurs poids moyens de son époque. Surnommé «L'Homme d'acier», il était passé professionnel en 1934 après avoir travaillé dans une usine sidérurgique, dans sa ville natale de Gary, dans l'Indiana. Il avait acquis très vite la réputation d'être insensible à la douleur. Au moment où vous le pensiez battu, à terre, il se relevait et distribuait des coups à son adversaire jusqu'à ce qu'il ne bouge plus. Il avait une force de frappe incroyable. Un de ses adversaires déclara un jour que «se prendre une droite de Zale (revenait) à se faire traverser par une lance métallique en feu».

Zale remporta les Championnats des États-Unis dans la catégorie des poids moyens en 1940 et défendit son titre à trois reprises avant de s'engager dans la marine au lendemain du bombardement de Pearl Harbor. Il y a une histoire bien connue sur l'arrivée de Zale à l'armée. Lorsqu'il débarqua sur les lieux, il donna à un employé le nom qui figurait dans son passeport (Anthony Zaleski), suivi de sa profession : boxeur professionnel en catégorie poids moyens. L'employé lui répondit : «Je n'aimerais pas être à ta place, Zaleski. Il paraît que Tony Zale doit arriver cette semaine.» Après la guerre, Zale remonta sur le ring. Même s'il remporta rapidement plusieurs combats, beaucoup pensaient que la guerre lui avait volé ses plus belles années. Le vent tourna en 1946, lorsque Zale rencontra Rocky Graziano, un cogneur venu du sud-est de Manhattan, sur le ring du Yankee Stadium.

Devant quarante mille fans en délire, Zale, l'outsider, laissa partir un énorme crochet du droit dès le premier round, mettant Graziano à terre pendant quatre secondes. Furieux, ce dernier se rattrapa lors du deuxième round, bougeant dans tous les sens et assommant son adversaire de coups, allant jusqu'à lui ouvrir la lèvre. La colère de Graziano continua dans le troisième round. Il frappa Zale jusqu'à ce qu'il soit à terre, mais, de nouveau, ce dernier parvint difficilement à se relever au bout de trois secondes. Ses soigneurs le traînèrent jusqu'à son coin à la fin de la reprise. Après la cinquième reprise, Zale semblait cuit, tandis que ses fans réclamaient la fin du combat. Pourtant, de manière aussi incroyable qu'inexplicable, il trouva un deuxième souffle lors de la sixième reprise. Il envoya Graziano au tapis avec un crochet fatal du droit dans les côtes. Graziano se releva en titubant avant de prendre un terrible crochet du gauche dans la mâchoire.

Cette fois, Graziano ne se releva pas. À trente-trois ans et après un match classé au quatrième rang des meilleurs combats de tous les temps par *Ring Magazine*, Zale récupérait son titre de champion du monde des poids moyens. Ce fut le début d'une grande rivalité. Les deux hommes se retrouvèrent à Chicago en 1947. Le combat fut aussi violent que le premier, mais cette fois Graziano s'imposa. Un an plus tard, les deux hommes se rencontraient pour la troisième fois à Newark, dans ce qui fut sans conteste le combat le plus brutal de toute l'histoire, et Zale récupéra le titre mondial. Cependant, trois mois plus tard, Zale allait concéder son titre par K.-O. technique en douze reprises face au Français Marcel Cerdan, champion d'Europe des poids moyens.

Par la suite, Zale raccrocha les gants pour de bon et devint entraîneur du Club de la jeunesse catholique de Chicago. C'est ainsi qu'il fut amené à me voir cogner dans ce punching-ball en 1953. J'avais entendu parler de lui, bien sûr, et je le reconnus immédiatement, mais je n'étais pas particulièrement émerveillé de voir une star. À l'époque, j'avais déjà suffisamment vu de vedettes, comme Louis, Schmeling ou Sanders, pour garder la tête froide. Quant à Zale, il tomba tout de suite sous le charme en me voyant (en termes purement sportifs, bien entendu). Il me dit qu'il n'avait jamais vu des mains aussi rapides et des coups aussi puissants. Il ne comprenait tout simplement pas pourquoi je n'essayais pas de frapper aussi fort tout le temps. C'était selon lui mon seul défaut. Quoi qu'il en soit, il me fit participer à un combat de démonstration le lendemain.

J'eus de nouveau cette impression de déjà vu. J'avais démoli mon adversaire mais les juges lui donnèrent quand même la victoire. J'allai les voir et leur dis : « On n'a pas dû voir le même combat ! Regardez-moi ! Regardez-le ! Lequel de nous a le plus de sang sur le visage ? »

Tony Zale me dit par la suite : « Tu l'as battu. Ne t'inquiète pas. »

Je ne m'inquiétai donc pas.

Je m'entraînai avec l'aide de Tony pour le tournoi des Golden Gloves de Chicago, que je remportai en 1953 dans la catégorie des poids plume, quatre mois après mon arrivée aux États-Unis.

Peu après, un gérant sportif et organisateur de combats de boxe dénommé Sam vint me voir pour me parler de reprendre la compétition chez les pros. Sam gagnait sa vie en prélevant une commission aux dix ou douze boxeurs dont il était le gérant. Même si la plupart d'entre eux étaient mauvais, il parvenait à leur prendre quinze ou vingt dollars ici et là. Un jour, il me tendit un contrat. « Signe ça, me dit-il. Je vais te faire participer à des rencontres et tu vas gagner de l'argent. »

Je lui répondis : « Je ne sais pas. Je veux bien me battre et je veux bien te payer, gagnant ou perdant, mais je ne veux rien signer. »

Sam accepta mes conditions à contrecœur et, comme promis, il m'inscrivit à un combat au Madison Square Garden, à New York. Je devais affronter un boxeur relativement novice qui n'avait que sept ou huit combats derrière lui. Notre combat devait servir de lever de rideau avant l'événement de la soirée, à savoir le match entre Randy Turpin, le Britannique aux tatouages (un boxeur sourd, pour dire que tout est possible lorsqu'on a de la volonté), et Carl « Bobo » Olson, originaire d'Hawaii. Les deux hommes allaient s'affronter pour le titre mondial des poids moyens devant dix huit mille spectateurs. Je devais toucher quatre-vingt-huit dollars pour ce combat.

Je fis le calcul. Le trajet aller-retour entre Chicago et New York me coûterait quarante-quatre dollars. Je m'attendais à payer six dollars par jour pour une chambre et cinq dollars par jour pour les repas. Je devrais en plus donner vingt dollars à mon gérant. Selon la durée de mon séjour à Manhattan, il y avait des chances que ce combat ne soit pas rentable. Malgré tout, c'était un bon moyen de m'introduire dans le milieu. Peut-être qu'à l'avenir, d'autres combats me rapporteraient davantage. J'acceptai donc son offre.

Le jour du combat, un médecin m'examina ainsi que mon adversaire. Il nous pesa, prit notre température, nous examina les yeux, le nez, les oreilles, et nous demanda de tourner la tête et de tousser. En un mot, j'étais en bonne santé, mais mon adversaire l'était moins. Je ne savais pas exactement ce qu'il avait. Je crois qu'il était enrhumé. Je pris la nouvelle avec philosophie. Je me dis qu'au moins je pourrais voir la grande finale. Seulement, une heure plus tard, mon gérant m'annonça qu'il avait trouvé quelqu'un d'autre contre qui je pourrais me battre, mais ce type était loin d'être un novice. Il s'était déjà battu une douzaine de fois. Même si personne ne l'avait pesé, il avait la carrure d'un poids welter, et moi, poids plume, j'allais l'affronter. Je n'exagère pas quand je dis qu'il était énorme. Ce type allait me massacrer.

« C'est la chance de ta vie de te faire connaître en une soirée! » me dit mon gérant avec insistance, tout en me secouant les épaules. J'avais trop d'amour-propre pour lui dire non, et pas assez pour aller affronter ce colosse. J'ai donc filé dans les vestiaires, rangé mes affaires, balancé ma valise par une fenêtre, l'ai suivie juste derrière et pris le premier train pour Chicago.

Bien que ma carrière de boxeur professionnel ait pris fin avant même d'avoir commencé, j'ai continué à boxer sur le circuit amateur. J'ai de nouveau remporté le tournoi des Golden Gloves de Chicago en 1954, dans la catégorie des poids plume, et en 1955, dans la catégorie des poids légers.

Après avoir remporté mon premier titre des Golden Gloves de Chicago, j'étais fier d'aller montrer ma médaille à mon patron, à l'hôtel Conrad Hilton. Je pensais qu'il serait content, mais il me dit plutôt d'un air grave : « Va t'occuper de ton ascenseur. »

J'étais écœuré.

Un jour, je fus dans l'incapacité de me rendre au travail. Je ne sais plus si j'étais malade ou si ma voiture ne voulait pas démarrer. Quoi qu'il en soit, par bêtise j'avais omis de les prévenir. Par conséquent, ils me renvoyèrent. Heureusement pour moi, des amis arméniens me trouvèrent rapidement du travail à l'Ambassador East Hotel, en tant que plongeur dans le fameux restaurant Pump Room.

En 1954, ce restaurant était l'un des meilleurs du pays. Avec son fameux salon privé baptisé Booth One, où toutes les célébrités se rendaient, le Pump Room était l'endroit à voir et où il fallait se montrer. Les plus grandes stars telles que John Barrymore et Bette Davis y avaient dîné. C'est là qu'Humphrey Bogart et Lauren Bacall célébrèrent leurs noces. Lorsqu'elle était jeune, Liza Minelli s'y rendait fréquemment avec sa mère, Judy Garland. Cette dernière avait même immortalisé l'endroit en chantant « We'll eat at the Pump Room/Ambassador East, to say the least » (« Nous dînerons au Pump Room de l'Ambassador East, pour ne pas trop en dire ») dans la comédie musicale *Chicago*.

C'était incroyable de travailler au Pump Room, au milieu de ces porcelaines de Limoges et de ces chandeliers en cristal. Mes supérieurs étaient encore mieux. Lorsqu'ils découvrirent que j'avais remporté les Golden Gloves, ils furent vraiment impressionnés. Ils commencèrent à m'appeler « Champion ». Un soir, je devais travailler et disputer un match de boxe en même temps. Mon patron me dit : «D'accord, vas-y, bats-toi et reviens quand tu auras fini.» Je revins comme promis.

«Qu'est-ce que ça a donné? me demanda-t-il à mon retour. Tu as gagné?

– Je l'ai battu par K.-O., lui dis-je en souriant.

– Ça, c'est notre Champion!»

Par la suite, dès que je devais me battre, la moitié du personnel venait me voir.

Un de mes combats fut retransmis à la télévision dans toute la région de Chicago. C'était la finale du tournoi national du Club de la jeunesse catholique. Je mis mon adversaire K.-O. en trente secondes, remportant ainsi le trophée du Meilleur Boxeur. À la suite de cet événement, le président de l'Ambassador East Hotel, M. Hart, m'invita dans son bureau et m'offrit un boni de cinquante dollars. Cela représentait une belle somme d'argent à l'époque.

Pour me donner de l'avancement, mon patron me proposa un poste de serveur. Je parvins ainsi à me mettre bien plus d'argent dans les poches à la fin de chaque journée. J'avais toujours l'impression d'être plein aux as en étant serveur au Pump Room. Je n'avais pas de compte en banque. Je me baladais toujours avec mille ou deux mille dollars sur moi. Moi qui avais fait le voyage entre New York et Chicago avec quatre malheureux dollars, j'étais content de pouvoir me balader avec autant de liquide dans les poches!

Un jour, après avoir démoli ma Mercury 1952, je la vendis à un concessionnaire pour trois fois rien. Avant que l'encre ait eu le temps de sécher, je me trouvais déjà de l'autre côté de la rue dans une salle d'exposition Volkswagen. Je leur achetai comptant une voiture neuve que je faillis bien démolir en sortant du parking. Heureusement, j'avais évité le pire. Je crois que je n'ai jamais été très doué au volant d'une voiture.

Comme mes revenus devenaient appréciables, j'en envoyais une partie à ma famille, en Iran. Je pensais tout le temps à eux. Même si mes parents pouvaient vivre avec vingt-cinq dollars tous les deux ou trois mois, je m'assurais qu'ils reçoivent cette somme chaque mois afin de pouvoir se faire plaisir. Avec l'argent que je leur avais envoyé, ils purent s'acheter une parcelle de terrain et y construire une maison de plusieurs pièces.

En ce qui me concerne, j'avais réussi.

CHAPITRE QUATRE

Un homme dont la femme est
vertueuse n'aura que peu de
problèmes.

Proverbe chinois

Vers 1956, je commençai à me rendre compte que ma carrière de boxeur n'allait pas durer éternellement. J'en fus encore plus convaincu le jour où mon frère Sam me demanda si je n'étais pas en train de perdre la tête. Apparemment, je commençais à me parler tout seul sans même m'en rendre compte. J'ai pensé que j'avais dû prendre trop de coups sur la tête.

Alors, après avoir mis ma vraie passion de côté pendant des années, le tennis devint mon unique préoccupation.

Quand on y pense, la transition entre la boxe et le tennis n'est pas si difficile. D'ailleurs, le grand Bud Collins (commentateur à la télévision américaine) déclara un jour qu'un match de tennis était «comme un match de boxe, le sang en moins». D'une certaine manière, il avait raison. Un match de simple, tout comme un combat de boxe, n'est rien d'autre qu'un affrontement entre deux athlètes. La différence principale réside dans la façon dont les coups sont portés. Au tennis, on frappe une balle avec une raquette, alors qu'en boxe, on frappe un homme avec les poings. Il existe d'autres similarités, bien sûr : l'importance du jeu de jambes, de l'équilibre et du coup d'œil. Par ailleurs, le coup de poignet qui rend un crochet fatal peut également faire décoller une balle de tennis à une vitesse phénoménale.

En ce qui me concerne, ma vitesse de déplacement et mes réflexes me permettaient de frapper la balle presque directement après le rebond, alors qu'elle était encore montante. Et bien sûr, je frappais chaque balle aussi fort que possible. Je pense que c'était dans ma nature. Malgré cet atout, je pense que je me situais tout au mieux à un niveau correct, sans plus. Je n'étais pas très précis et je n'avais pas une grande panoplie de coups à ma disposition.

Cependant, ce qui me faisait défaut en technique, je le compensais par mon enthousiasme. J'allais jusqu'à économiser de l'argent afin d'acheter des cassettes de tournois. Ensuite, je louais un projecteur pour visionner ces films. Chaque fois que le circuit professionnel passait dans ma ville, qu'il s'arrête à l'Université Northwestern, au Club de tennis de Fullerton ou à l'Université de Chicago, je faisais en sorte d'assister aux matchs. Même que je me portais parfois volontaire pour être juge de ligne. J'ai vu tous les plus grands de l'époque : Ken Rosewall, Pancho Gonzalez, Jack Kramer, pour n'en nommer que quelques-uns.

C'est ainsi qu'à la fin des années cinquante, je fus transporté de joie lorsque les équipes australienne et américaine de Coupe Davis organisèrent un banquet à l'hôtel Ambassador West. Cet hôtel se trouvait juste en face de l'Ambassador East où je travaillais habituellement. La Coupe Davis a perdu de son panache ces dernières années ; elle n'est tout simplement pas restée dans l'air du temps. Mais à l'époque, elle avait beaucoup d'importance et se trouvait à hauteur des tournois du Grand Chelem. Cette année-là, l'Australie battit les États-Unis par 3-2, alors que le capitaine de l'équipe américaine, Perry Jones, avait prédit une victoire nette des Américains par 5-0.

La victoire des Australiens n'était pas vraiment une surprise. En ce temps-là, le tennis était un sport très populaire en Australie, ce qui est encore le cas aujourd'hui. En effet, les Australiens ont remporté la Coupe Davis à quinze reprises au cours des années cinquante et soixante, un exploit sans précédent à l'époque. (Leurs seules défaites eurent lieu contre les États-Unis en 1954, 1958, 1963 et 1968.)

En 1959, l'équipe australienne de Coupe Davis était au tennis ce que la Dream Team américaine fut au basket dans les années quatre-vingt-dix. Il y avait Neale Fraser, qui, au cours de sa carrière, remporta les quatre titres du Grand Chelem en double. Cet illustre joueur allait par la suite battre un record en devenant capitaine de Coupe Davis pendant vingt-trois ans, remportant quatre titres en cours de route. Il y avait le grand Roy Emerson, qui devint le seul et unique joueur à remporter les quatre titres du Grand Chelem en simple et en double. L'Australien, qui avait amorcé sa carrière dans l'ombre de ses illustres compatriotes Lew Hoad et Ken Rosewall, remporta en tout douze titres du Grand Chelem – un record qui subsista plus de trente ans. (Sans vouloir diminuer l'exploit d'Emerson, il faut bien souligner qu'il a remporté ses titres du Grand Chelem avant l'ère Open, c'est-à-dire à une époque où les meilleurs joueurs étaient tous passés professionnels et n'étaient donc pas admissibles aux tournois du Grand Chelem.) Et pour que l'équipe soit complète, il faut y ajouter celui dont plusieurs disent qu'il fut le meilleur joueur de tous les temps : Rod Laver. En 1962, il devint le deuxième joueur à remporter le Grand Chelem – c'est-à-dire les quatre tournois de la série lors d'une même saison –, un exploit qu'il répéta en 1969, après le début de l'ère Open.

Après avoir terminé ma journée à la salle à dîner, je m'empressais d'enlever mon uniforme (une veste rouge assortie d'une queue-de-pie) pour y retourner au plus vite afin d'écouter ce qui se disait. Quelques instants plus tard, je serrais la main de plusieurs joueurs tels que Fraser, Laver, Emerson et leur légendaire capitaine, Harry Hopman. Bien sûr, je n'ai pas manqué l'occasion de rencontrer Perry Jones, Barry MacKay, Butch Buchholtz et Alex Olmedo, de l'équipe américaine.

« Un jour, leur dis-je, plein d'assurance, quelqu'un dans ma famille gagnera la Coupe Davis ! »

Ils ont dû penser que j'étais fou. Peut-être était-ce le cas, mais j'avais raison : trente ans plus tard, mon fils Andre remporta la Coupe Davis.

J'avais vingt-huit ans au printemps 1959 et venais d'obtenir mon diplôme de mathématiques à l'Université Roosevelt, lorsqu'une étudiante grecque prénommée Anastasia me prit à part après les cours pour me demander si j'avais l'intention d'assister au bal de fin d'année.

« Non, lui dis-je. Je n'ai pas de petite amie. » Il y avait alors six ans que j'étais à Chicago, mais j'avais passé tout mon temps à étudier l'anglais, à boxer, à travailler, à aller à l'université, à jouer au tennis et à me faire une place dans mon pays d'adoption. En d'autres termes, j'avais été trop occupé pour songer aux filles. Cela ne veut pas dire qu'elles ne m'intéressaient pas, bien entendu, mais la plupart d'entre elles étaient trop capricieuses, impolies, ennuyeuses, ou encore trop faciles à mon goût.

« Pas de petite amie ? répliqua Anastasia. Je vais t'en trouver une ! »

Deux semaines plus tard, Anastasia me prit de nouveau à part. « Il y a une nouvelle fille en ville, me dit-elle. Elle n'a pas encore de petit ami. »

J'hésitai.

«Ne perds pas de temps! enchaîna-t-elle. Appelle-la. Jolie comme elle est, elle ne restera pas seule très longtemps!»

D'accord, pensai-je. Ça ne peut pas faire de mal de l'appeler.

«Comment s'appelle-t-elle? demandai-je.

– Betty. Betty Dudley. Voilà son numéro.»

Un soir, je me décidai à l'appeler. Elle semblait gentille au téléphone. Je lui demandai si elle voulait qu'on prenne un café, et elle accepta.

Le soir de notre première rencontre, j'enfilai un beau costume et me rendis au dortoir des filles. Après avoir garé ma voiture dans le parking, je me dirigeai vers le hall d'entrée de la résidence pour l'attendre. Pendant ce temps, je regardais toutes ces étudiantes faire des allées et venues dans la résidence. Je me demandais si ces filles étaient venues m'espionner pour Betty. Peut-être allaient-elles lui dire à quoi je ressemblais. Pire encore, peut-être que Betty elle-même était venue, qu'elle m'avait vu et qu'elle était ressortie aussitôt. Je n'étais peut-être pas grand, mais j'avais le teint mat et je pensais être assez élégant. Cependant, les goûts et les couleurs ne se discutent pas.

Enfin, après ce qui me sembla une éternité, Betty pénétra dans le hall. Anastasia avait raison : Betty était jolie. Elle avait les cheveux couleur acajou, les yeux bleus et le teint pâle. Elle portait une jupe droite foncée et une blouse blanc cassé, nouée au cou. Elle semblait également timide et, je pense, un peu tendue. Au moment de nous présenter, elle me regarda à peine. Lorsque je lui dis que ma Volkswagen était garée à l'extérieur, elle s'y dirigea tout de suite. Si nous avions été dans un dessin animé, elle aurait laissé un petit nuage de poussière derrière elle.

L'amorce de la soirée fut difficile. Elle ne parlait pas beaucoup mais, peu à peu, quelques mots commencèrent à s'échapper de sa bouche. De mon côté, je me contentais de conduire. Je conduisis sans m'arrêter, des kilomètres durant. Je ne sais pas exactement pourquoi. Je pense que je ne voulais simplement pas la laisser partir. Elle a dû penser que j'étais un tueur en série et que je voulais l'emmener loin de tout.

Nous nous arrêtâmes finalement dans un restaurant et sa timidité se dissipa. Nous commandâmes des sandwiches et parlâmes sans nous arrêter. Cela fait tellement longtemps que je ne me souviens plus de quoi nous avons parlé ; de nos familles, je pense. Ce soir-là, j'appris que Betty était née en novembre 1937 et qu'elle avait deux sœurs : une sœur jumelle et une plus âgée. Elles avaient grandi à Jacksonville, dans l'Illinois. Après que Betty eut fini l'école secondaire, son père, un professeur, obtint un poste au Collège Pueblo Junior, dans le Colorado. Toute la famille déménagea dans l'Ouest, y compris Betty, qui s'inscrivit au collège où enseignait son père. Elle m'expliqua qu'elle allait passer l'été à travailler à Chicago, chez Compton Encyclopedia, avec sa sœur aînée Shirley, afin de gagner de l'argent de poche pour l'année scolaire.

De mon côté, je lui parlai de ma vie à Téhéran, des Jeux olympiques et de mon départ aux États-Unis. En tout, nous avons parlé pendant une heure et demie avant de reprendre la route jusqu'au dortoir des filles. Elle s'était montrée très attentive et à l'aise.

Lorsque la soirée toucha à sa fin, je lui demandai si je pouvais la rappeler. Elle accepta.

Nous ne sommes jamais allés à ce fameux bal dont Anastasia m'avait parlé. Il se trouve qu'aucun de nous deux n'aimait vraiment danser, et cela n'avait aucune importance. J'avais de bien plus grands projets en tête. Dès notre première rencontre, j'ai su que Betty était l'amour de ma vie. Elle avait tout ce que j'attendais d'une femme : elle était gentille, intelligente, travailleuse, honnête, jolie, drôle, tranquille, simple et suffisamment culottée pour mettre du piquant dans notre vie. Elle était stable. Elle ne fumait pas et ne buvait pas. Je n'ai donc pas perdu de temps. Nous nous sommes rencontrés en juin et nous sommes mariés en août, avant que Betty reprenne les cours (ce qu'elle n'a jamais fait) et pour ne pas donner le temps à ses parents, Lloyd et Virginia, de s'opposer à notre union.

Notre mariage s'est déroulé dans l'intimité. Nous nous sommes mariés un mercredi après-midi, le 19 août pour être précis, dans une église méthodiste du nord de Chicago. Celle-ci me rappelait mon église en Iran. J'ai toujours été un fervent partisan du mariage à l'église. Je n'ai jamais tenu à ce qu'un juge quelconque nous déclare mari et femme. En tant que membre de l'Église unitaire, Betty était d'accord. Le jour de notre mariage, je portais mon plus beau costume, bleu, avec une cravate. Betty portait une robe bleue que nous avions achetée chez Marshall Field une semaine plus tôt. Elle avait un bouquet de fleurs rouges et blanches. Nos seuls témoins furent la sœur de Betty et son mari, qui par chance était photographe.

Je n'avais pas parlé de notre mariage à mon frère Sam. Sa femme Susie et lui essayaient depuis toujours de m'arranger des rencontres, et cela m'énervait. Je pensais que cela ne les regardait pas. À vrai dire, personne n'a su que nous nous étions mariés avant la fin de la cérémonie. Ma mère fut déçue lorsqu'elle apprit la nouvelle. Elle avait toujours espéré que j'épouse une gentille petite Arménienne, mais l'idée lui passa. Après avoir appris à connaître Betty, elle ne put que l'aimer.

Après la cérémonie, nous sommes allés manger une côte de bœuf de première qualité avec des amis de l'hôtel Ambassador East, au restaurant Ivanhoe, au sud de Wrigley Field sur Clark Street. À son ouverture dans les années vingt, l'Ivanhoe était un bar clandestin (à l'époque de la Prohibition). Au fil du temps, le bar, dont l'extérieur ressemble aujourd'hui à un château, est devenu l'un des meilleurs restaurants de la ville. À l'intérieur, la salle à manger était tout simplement sidérante. La particularité de l'Ivanhoe était son bar souterrain situé à plus de quatre-vingt-dix mètres sous terre. Vous comprenez maintenant pourquoi, à l'époque, on appelait cet endroit «la septième merveille de Chicago». L'Ivanhoe allait plus tard devenir un café-théâtre, puis simplement un théâtre et, enfin, un magasin de vins et spiritueux. Malheureusement, ce lieu culte de Chicago fut finalement démoli.

La soirée fut superbe, magnifique. Je ne pouvais être plus heureux. Lorsque les parents de Betty eurent vent de notre mariage, ils furent déçus et quelque peu sous le choc. Ils n'étaient pas vraiment en colère, mais plutôt déçus d'avoir été tenus à l'écart. Naturellement, ils ne savaient rien de moi. Ils savaient simplement que j'étais Iranien, ce qui semblait décevant, tout spécialement pour le grand-père de Betty, qui était un vétéran de guerre bien fier. Il aurait préféré que sa petite-fille épouse un bon Américain. Bien des années plus tard, j'ai découvert que la sœur aînée de Betty et son mari avaient contacté le FBI pour s'assurer que j'étais bien celui que je prétendais être, que je n'avais pas laissé plusieurs femmes et enfants derrière moi au Moyen-Orient, et que je n'étais pas un terroriste. Ils craignaient que j'arrive à convaincre Betty de me suivre en Iran et que je lui fasse porter le tchador, même si tout le monde s'habillait à l'occidentale, sous le règne du schah.

La vie avec Betty fut aussi belle après notre mariage qu'au temps de nos fréquentations. Nous avons commencé par habiter un sous-sol d'appartement d'où nous pouvions voir les pieds des passants. Peu après, Betty tomba enceinte de notre premier enfant. Sachant que notre famille allait vite s'agrandir, nous avons loué un trois-pièces sur Wilson Avenue. Il se trouve que plusieurs squatteurs occupaient déjà les lieux : des cafards. Je pensais pouvoir les empêcher d'entrer. Pendant deux mois, j'ai rebouché les fissures, repeint les murs, mais ils finissaient toujours par revenir. Nous avons donc déménagé de nouveau. Cette fois, nous avons loué un appartement dans un quartier polonais, près de Diversey et Crawford. Peu après, en septembre 1960, notre fille Rita est née.

J'étais transporté de joie à l'idée de devenir papa. J'étais bien décidé à accomplir mon rôle de père au quotidien. Je voulais lui donner à manger et lui changer ses couches. Bien entendu, je me suis retrouvé quelque peu submergé par ces nouvelles responsabilités, mais Rita était un si beau bébé que je m'y suis vite fait.

Avec la plus adorable de toutes les femmes et une petite fille aussi mignonne, j'étais aux anges. Il n'y avait qu'un problème : le temps.

Chicago est reconnue pour plusieurs choses : son architecture, sa richesse culturelle et ses magasins. C'est vraiment une ville fantastique et j'en étais venu à l'aimer. Par contre, le temps était horrible. Il y faisait une chaleur étouffante l'été et un froid extrême l'hiver. Le printemps et l'automne n'étaient pas vraiment mieux. Pour un type qui aime le tennis, il n'y avait pas vraiment d'occasions de jouer. Il était impossible de jouer d'octobre à avril à cause du froid, de la neige et des rafales de vent. Un jour, j'ai passé quatre heures à déblayer un court public pour pouvoir y jouer un peu. J'avais désormais une nouvelle raison de quitter Chicago : Rita. Je m'étais mis en tête de lui apprendre à jouer dès son plus jeune âge. Or, je savais que cela serait impossible dans le Midwest.

Après en avoir discuté à plusieurs reprises, Betty et moi décidâmes de tenter notre chance à Los Angeles. Je savais que le sud de la Californie était la Mecque de tout joueur de tennis. Cette région avait tendance à produire plus de joueurs classés au niveau national que d'autres régions, en partie parce que quasiment tous les terrains, qu'ils soient publics ou privés, étaient en ciment. À cette époque, les terrains privés de la côte est étaient en gazon et les terrains publics, en terre battue. Cela veut dire que ceux qui jouaient sur des courts privés avaient un avantage lors des tournois, puisqu'ils étaient habitués au gazon. Par contre, à Los Angeles, tout le monde jouait sur la même surface. Personne n'était avantagé. Le nombre de bons joueurs doublait automatiquement. Les chances de voir un habitué des courts publics vous battre étaient bien plus grandes. Le meilleur exemple fut Pancho Gonzalez, qui apprit à jouer au tennis sur les courts publics d'Exposition Park, à Los Angeles. Il devint par la suite l'un des plus grands, si ce n'est le plus grand joueur de son temps. Si je voulais jouer, et entraîner Rita, il fallait que nous soyons à Los Angeles.

Apparemment, la chaîne d'hôtels Ambassador existait également à Los Angeles et ils acceptèrent de me donner du travail là-bas. Nous avons donc dit au revoir à Sam, Susie, Shirley et Ken, puis nous avons fait nos bagages. Nous avons fait de la place pour Rita à l'arrière de notre Chevy Impala quatre portes, six cylindres, et avons mis les voiles pour Los Angeles sur la Route 66. À l'époque, je pouvais conduire trente-six heures d'affilée sans problème. Nous étions dans les temps jusqu'à ce que le moteur de la voiture explose. Après ce qui me parut une éternité, la voiture fut rafistolée et nous avons continué.

Lorsque nous sommes arrivés à Los Angeles, les choses ne se sont pas déroulées comme je l'avais espéré. Nous avons trouvé un appartement, mais à une heure de mon lieu de travail. Tout ce qui se trouvait plus proche était bien au-delà de nos moyens. Notre loyer s'élevait déjà à cent quarante-huit dollars par mois, ce qui à l'époque était beaucoup. Afin de gagner cette somme, il fallait travailler une semaine ou plus. Par ailleurs, vu le nombre d'allers-retours que je devrais effectuer chaque année pour mon travail, il nous faudrait une voiture neuve tous les ans ! Nous avons tenu le coup quelques mois, mais en fin de compte nous avons décidé de ne pas rester.

Il y avait un de mes amis de Chicago qui avait déménagé à San Francisco. Je l'ai appelé et il m'a proposé de venir nous installer du côté de la baie de San Francisco. « Peut-être qu'on peut te trouver du travail », me dit-il. Nous sommes donc remontés dans la voiture (Betty était enceinte de notre deuxième enfant) et avons mis le cap vers le nord, sur l'autoroute 101. Nous sommes restés deux jours à San Francisco, à faire tous les restaurants. Malheureusement, il n'y avait pas de travail. Nous avons de nouveau chargé la voiture et sommes retournés à Chicago, démoralisés et fatigués. J'étais abattu, tout particulièrement lorsque nous sommes arrivés et que les trottoirs étaient recouverts de neige. Heureusement, l'hôtel Ambassador East m'a récupéré à bras ouverts.

À l'automne 1962, une idée me vint à l'esprit. Phil Boddy, l'ancien maître d'hôtel de l'Ambassador East, avait signé un contrat avec le directeur du restaurant du Tropicana Hotel à Las Vegas. Ce n'était pas Los Angeles, mais je savais qu'il y faisait chaud et sec, et que je pourrais jouer au tennis trois cent trente jours par an si je le souhaitais.

Un jour, je me décidai à l'appeler.

« Je peux te donner du travail, me dit-il. Viens vivre ici ! La vie y est vraiment agréable. »

Après lui avoir parlé, j'ai quitté mon travail à l'Ambassador East. Comme toujours, Betty était partante. Nous avons donc récupéré les affaires que nous avions laissées dans un local et les avons remises dans la voiture. Cette fois, nous avons pris la route pour Las Vegas. Et nous avions un nouveau passager avec nous : notre fils Phillip, âgé de huit jours.

CHAPITRE CINQ

Il y a de nombreuses similitudes
entre le poker et le tennis.
Ces deux jeux demandent beaucoup
de patience et de discipline.
Il faut faire bouger son adversaire
et le piéger pour s'imposer.

Jan Fischer, joueur de poker
professionnel

La plupart du temps, les noms « Las Vegas » et « Téhéran » ne
riment pas bien. D'un point de vue culturel, c'est le jour et la nuit.
D'un côté, Las Vegas porte le surnom de « Ville du péché » avec
fierté, et de l'autre, Téhéran s'attache à des vertus musulmanes
datant du Moyen Âge. Par ailleurs, Téhéran est une ville bien
plus grande et plus peuplée que Las Vegas. Cependant, d'un point
de vue topographique, l'Iran ressemble au Nevada. La moitié du
pays est recouverte de déserts, de terrains vagues et de chaînes de
montagnes inhabitées. Il en va de même au Nevada. À Las Vegas,
si je plisse les yeux et que je tourne mon regard vers les montagnes
caillouteuses loin à l'horizon (en tournant le dos au Strip de Las
Vegas), j'ai presque l'impression de me retrouver à Téhéran.

Alors que nous traversions le désert de Mojave, dernière
étape de notre voyage, j'eus l'impression de rentrer enfin chez

moi. Afin de me rendre jusqu'au Tropicana, je pris le fameux Strip de Las Vegas (Las Vegas Boulevard) et passai devant le Riviera, le Stardust, le Desert Inn, le Sands, le Flamingo Hotel, le Tally Ho, tous équidistants les uns des autres. L'avenue entière était éclairée comme une piste d'atterrissage d'aéroport. Je n'ai jamais vu la moindre trace des herbes sauvages et de toutes ces eaux que des marchands avaient repérées il y a bien longtemps. Ils étaient tombés sur cette oasis en plein milieu du désert en 1829 et l'avaient baptisée Las Vegas, ce qui signifie « les prés » en espagnol.

Et les gros titres ! De gigantesques lettres illuminées annonçaient les concerts de Dean Martin, Frank Sinatra, Sammy Davis Jr, Doris Day, Don Rickles, Buddy Hackett, Shecky Greene, Alan King, Louis Prima et Tony Bennett. (Je suis parvenu à rencontrer quasiment toutes les vedettes qui sont passées dans la ville, y compris les membres du Rat Pack. Travaillant dans des casinos, j'étais presque obligé de rencontrer ces personnalités.) Et bien sûr, il y avait les spectacles : *Le Lido* au Stardust, *Minsky's Follies* aux Dunes, *Les Folies Bergères* au Tropicana.

Las Vegas n'était plus le fort mormon qu'il avait été en 1855, lorsque Brigham Young avait envoyé trente missionnaires prendre possession de la vallée et apprendre aux Paiutes à cultiver les terres. Mais les Paiutes préférèrent attaquer le fort plutôt que d'apprendre à cultiver. C'était leur manière d'inviter les Mormons à repenser leur mission. Ces derniers se retirèrent en 1857. De la même manière, la vallée n'était plus la vaste zone agricole qu'elle était devenue en 1885, après que le State Land Act eut permis de vendre de petites parcelles de terrain à un dollar vingt-cinq l'acre. Las Vegas avait même élargi ses voies ferrées au moment où, en 1905, les derniers rails liant le sud de la Californie à Salt Lake City avaient été posés. En 1962, Las Vegas réunissait vingt-deux pour cent de la population du

Nevada sur un lotissement de soixante-cinq kilomètres carrés. Par ailleurs, les jeux d'argent, légalisés par l'État en 1931, étaient devenus l'activité principale de la région.

Enfin, je repérai l'enseigne du Tropicana. Elle était en forme de tulipe, haute de dix-huit mètres, rayonnant de loin grâce à ses néons rose et bleu. J'entrai dans le parking. Betty resta dans la voiture avec les enfants pendant que je filais à l'intérieur. L'hôtel avait ouvert en 1957 et son charme était palpable. À la différence des autres hôtels du Strip, dont les revenus provenaient principalement des casinos, le Tropicana était avant tout un hôtel, puis un casino. Par exemple, afin de s'assurer que l'on s'occupe bien de sa clientèle, le Tropicana employait plus d'une personne par client. La différence était évidente. De même, au contraire de la plupart des autres hôtels de la ville, le Tropicana n'était pas dirigé par la mafia, même si sa réputation avait été salie à cause de certains liens avec le milieu à ses débuts. L'ancien directeur du casino, J.K. Houssels, avait racheté les actions du premier propriétaire, Ben Jaffe. Houssels était reconnu comme quelqu'un de droit et d'honnête.

Bien que le Tropicana attachât plus d'importance à son hôtel, cela ne veut pas dire que son casino ressemblait à une morgue. À vrai dire, le tumulte à l'intérieur du casino était assourdissant. En me dirigeant vers l'accueil afin de trouver Phil Boddy, j'entendis des cris et des encouragements, et le cliquetis incessant des gobe-sous. J'ai beau n'avoir jamais été un grand joueur, l'ambiance générale me donnait des frissons. (Au cours des semaines suivantes, j'ai perdu en jouant au casino les douze mille dollars que j'avais économisés à Chicago. Après avoir récolté quelques gains dans les gobe-sous, je n'ai plus jamais joué.)

Phil n'était pas là, mais il avait dit à son assistant que je pouvais commencer à travailler le jour suivant. Dès mon premier jour, j'ai gagné vingt-sept dollars en pourboires. Pas mal, pour l'époque. Très vite je suis parvenu à gagner cent cinquante dollars par semaine, ce qui était plus que suffisant pour couvrir nos frais. Après quelques semaines, nous avons déménagé de notre motel (que l'on appelait notre « chez-nous ») sur Boulder Highway pour emménager dans un appartement sur Polaris Drive. Cet appartement était à peine mieux que celui dans lequel j'avais grandi. Betty le comparait à un donjon, car il n'avait pas de fenêtres. Elle n'avait pas tort.

Le Tropicana, également appelé « le Tiffany du Strip », était une propriété qui s'étirait sur près de quatorze hectares, comprenant quatre cent cinquante chambres, et dont la valeur était estimée à quinze millions de dollars. Bien entendu, le thème de la décoration était « les tropiques », et des jardins de style classique entouraient une piscine de dimension olympique. Les chambres se trouvaient juste au-dessus de ce décor tropical et chacune avait son propre balcon. De l'autre côté de la rue, il y avait un parcours de golf de dix-huit trous.

Il y avait également deux terrains de tennis en ciment, mais pas de professeur.

Peu après avoir commencé à travailler à l'hôtel, je suis allé voir le responsable des activités, Harvey Dieterich, et lui ai demandé si je pourrais utiliser les terrains pour donner des leçons aux clients de l'hôtel, et éventuellement à d'autres.

« Tu sais jouer ? me demanda-t-il.

– Oui, lui dis-je. Un peu.

– Je ne peux pas te payer, me dit-il.

– Ce n'est pas grave, rétorquai-je. Je ne veux pas d'argent.

Il accepta.

– Si tu veux bien entretenir les courts, les nettoyer, alors tu peux les utiliser. »

Je commençai par arroser les courts et les nettoyer, ce que monsieur Dieterich apprécia.

Peu après, il me demanda d'évaluer le niveau d'un des clients de l'hôtel. Il s'appelait Armando. Il devait avoir quarante ans et portait une tenue toute blanche, resplendissante. Je ne l'avais jamais vu auparavant mais, en le voyant s'approcher de moi pour se présenter, je perçus dans sa démarche que c'était un très bon joueur. Il marchait un peu sur la pointe des pieds, tel un pigeon. Il paraissait léger, rapide et agité. Andre a cette même démarche.

« Allons jouer, me dit Armando.

– Tu es un bon joueur, lui dis-je. Ça se voit. Je ne tiens pas à faire de match avec toi mais je veux bien faire des balles. Pour commencer, est-ce que je peux te poser une question ?

– Bien sûr, répliqua-t-il.

– Quel a été ton meilleur classement ?

Il était sidéré.

– Comment as-tu deviné ?

– Ça se voit dans ta démarche, lui dis-je. Alors dis-moi, quel a été ton meilleur classement ?

– Une fois, j'ai atteint les quarts de finale de Wimbledon », me dit-il.

Cette fois, je le reconnaissais. C'était Armando Veira, la star de tennis brésilienne. Ça me revenait. Nous avons tapé des balles pendant un moment, mais bien sûr son niveau de jeu surpassait largement le mien. Malgré tout, il fit mon éloge auprès de Dieterich.

« Mike n'est pas un bon joueur, dit-il à Dieterich, mais il s'y connaît en tennis. »

Je ne l'aurais pas mieux formulé moi-même.

Betty blague toujours en disant que nos quarante-cinq années de mariage ont tenu parce qu'elle travaillait de jour et que je travaillais de nuit. Elle a probablement raison. Peu après notre arrivée à Las Vegas, elle trouva un emploi en tant que spécialiste des certificats étrangers pour l'État du Nevada. Elle garda cet emploi vingt-huit ans avant de prendre sa retraite en 1992. Grosso modo, sa tâche consistait à traiter les demandes d'employeurs désirant embaucher des étrangers, à évaluer le salaire que l'employeur offrait et à déterminer si l'étranger en question allait prendre le travail d'un Américain. Quoi qu'il en soit, elle s'occupait de Rita et de Phillip tous les soirs pendant que je travaillais au restaurant de l'hôtel. De mon côté, je m'occupais des enfants durant la journée pendant que Betty travaillait. Nous nous voyions quelques minutes chaque soir et tous les jours à l'heure du dîner. Je dormais à peine. Je rentrais du restaurant aux alentours de trois heures du matin et me réveillais autour de sept heures pour emmener les enfants sur les courts de tennis du Tropicana.

J'ai commencé à donner des leçons tout de suite après avoir parlé à monsieur Dieterich. Je cassais les prix en ne demandant que douze dollars l'heure alors que tous les autres en demandaient vingt-cinq. Je mettais de côté tout ce que je gagnais.

Très vite, j'ai eu la brillante idée d'acheter un canon à balles. Je me disais que je pourrais le louer à des clients afin qu'ils répètent leurs coups. De plus, je pourrais l'utiliser pour donner des leçons et n'aurais donc plus besoin de courir autant. Le problème était que, à ce moment, je n'avais pas assez d'argent pour en acheter un. J'ai appelé un vendeur pour lui demander si je pourrais lui acheter une machine à crédit. Sa réponse fut claire et nette : « Pas question. » Je n'ai pas abandonné pour autant.

J'ai convaincu le type de vérifier mes revenus au Tropicana. Il finit par accepter. Après avoir vu que j'étais sérieux, il s'arrangea pour me vendre une machine à crédit. Je lui versai un acompte de cent cinquante dollars et lui payai encore trois fois cent cinquante dollars.

J'étais très content de ce canon à balles, mais selon moi il y avait moyen de l'améliorer. Comme j'étais plutôt doué pour la mécanique, je l'ai bricolé pour qu'il crache plus de balles en une session, plus vite et avec plus de lift. Très vite, j'avais gagné assez d'argent pour rembourser le fabricant et lui acheter d'autres machines. J'ai également bricolé ces machines afin qu'elles envoient des balles différentes : des coups croisés, décroisés, des slices, des lobs, et tout cela à des rythmes variés. J'ai même modifié un canon à balles afin qu'il puisse envoyer des services. La machine mesurait deux mètres treize en hauteur et lançait les balles à cent cinquante-sept kilomètres à l'heure. (Le bruit concernant mes innovations s'est répandu et je me suis entretenu avec plusieurs entreprises de canons à balles, dont Matchmate et Playmate, afin de leur montrer comment ajouter des fonctions à leurs machines. Ce fut ainsi pour moi une source supplémentaire de revenus).

Je parvenais à louer chaque machine douze dollars l'heure. Ainsi, en plus de ce que je gagnais au restaurant, mes machines me rapportaient cinquante dollars par jour. Cela ne représentait pas des millions, mais c'était suffisant pour améliorer la qualité de vie de ma famille. En 1966, nous avons acheté notre première maison. C'était un pavillon de quatre pièces sur El Segundo, dans un quartier résidentiel, non loin de la demeure de l'ancien champion du monde des poids lourds, Sonny Liston. C'était la seule famille noire du quartier. Comme je sentais que le voisinage n'avait pas été ravi de les voir débarquer, je tenais à me rendre chez eux pour me présenter. Je savais ce que cela faisait de se sentir rejeté. Liston se montra gentil, mais un peu réservé.

Lorsque nous sommes arrivés à Las Vegas, Rita n'avait que deux ans. Pourtant, je lui apprenais à jouer dès que j'en avais l'occasion, entre deux leçons. Je me disais qu'avec une fille et un garçon, je pourrais avoir deux champions du monde en simple et une paire de champions du monde en double mixte. Voilà ce que je visais.

Bien sûr, à cette époque, personne n'aurait appris à un bambin de cet âge à jouer au tennis, qui plus est à une fille. De toute évidence, tout le monde pensait qu'il était plus sage d'attendre que les enfants soient plus grands, plus forts, avant de les mettre au tennis. Billie Jean King n'a commencé qu'à onze ans. Bobby Riggs n'a commencé qu'à douze ans. Pourtant, j'étais convaincu que le plus tôt était le mieux. Le tennis devient ainsi partie intégrante de la vie des enfants. Ils marchent et pensent comme des joueurs de tennis. Je me disais que s'ils s'y mettaient tôt, ils deviendraient excellents. Ils ne deviendraient peut-être pas des numéros un mondiaux, mais ils développeraient tout leur potentiel. Voilà pourquoi, dès que Rita est parvenue à saisir le manche de sa raquette avec sa petite main, nous nous sommes mis au travail.

Pourquoi ? Bonne question. En partie parce que je n'ai moi-même jamais atteint mon objectif de devenir champion du monde. J'avais les capacités et le talent pour boxer, mais pour des raisons diverses (lieu de naissance, question d'argent), je n'y suis pas arrivé. Il en allait de même pour le tennis. Je ne pouvais espérer mieux que de voir mes enfants réaliser ce rêve.

Mais il y avait autre chose. Voyez-vous, j'ai eu une vision. Je ne parle pas d'une vision comme celles de Jeanne d'Arc ou de Moïse devant le Buisson ardent. Tel que je l'imaginais, le tennis pouvait être un très grand sport. Il y avait de quoi remplir des stades entiers de Dubaï à Duluth. Le tennis pouvait traverser les couches de la société, attirer des joueurs et des fans de tous les pays du monde. Si la popularité du tennis venait à croître, cela irait de pair avec les sommes d'argent que les meilleurs joueurs pourraient gagner. Et j'estimais ces sommes à plusieurs millions de dollars.

Cela paraît fou, n'est-ce pas? Au début des années soixante, il n'y avait pas de circuit ATP ou WTA comme c'est le cas aujourd'hui. Les joueurs signaient plutôt des contrats pitoyables avec des organisateurs de tournois pour voyager dans le monde. Ils jouaient match après match (souvent plus de cent rencontres par an) contre les mêmes joueurs. À l'issue de chaque saison, un champion du monde était couronné. Les tournois du Grand Chelem se déroulaient chaque année en Australie, en France (à Roland-Garros), en Angleterre (à Wimbledon) et aux États-Unis (au US Open), mais seuls les amateurs pouvaient y participer.

Est-ce que la croissante popularité du tennis se traduisait dans le nombre de spectateurs présents dans les stades? Pas vraiment. C'était ridicule. Dans les années soixante, le tennis n'attirait pas les masses. Il n'y avait quasiment que des riches et des membres de clubs de loisirs qui portaient des pulls en V ou des gilets en laine et se mettaient trop de gel dans les cheveux. Bien sûr, il y avait bien un rebelle comme Pancho Gonzalez pour mettre de l'ambiance, mais en dehors de lui, le tennis n'avait pas grand-chose à offrir au commun des mortels.

Le seul problème était que le tennis pouvait parfois être ennuyant. Le jeu était lent. Chaque joueur se tenait derrière sa ligne de fond de court, de profil, et attendait que la balle rebondisse puis remonte avant de la frapper par dessous avec le poignet fermé, le bras tendu, en accompagnant longuement chaque frappe. Le jeu était tellement lent qu'on aurait pu regarder un film entre deux coups. Le moins qu'on puisse dire, c'est que les joueurs avaient assez de temps pour réfléchir, penser à une stratégie et prévoir leur coup suivant.

J'avais ma théorie : je pensais que s'il était possible d'accélérer le retour en frappant la balle plus tôt et plus fort, l'adversaire aurait bien plus de mal à la retourner. Le jeu s'accélérerait et deviendrait tout de suite plus attrayant. Par voie de conséquence, il gagnerait en popularité et rapporterait davantage aux joueurs.

Mon but n'était donc pas d'enseigner à Rita et à mes autres enfants les bases du jeu telles qu'on pouvait les concevoir dans les années soixante et soixante-dix. Je voulais leur enseigner le jeu de l'avenir.

Comme j'étais certain que la vitesse et la puissance étaient la clé de tout, la question était de savoir comment apprendre à jouer plus vite et plus fort en conservant un certain niveau de précision. À l'époque, il était de mise d'apprendre d'abord aux enfants à être précis. Par la suite, on leur apprenait à gagner en puissance. Mon approche était différente. Je voulais d'abord apprendre à mes enfants à frapper la balle tôt et fort. Au diable la précision ! Je voulais qu'ils frappent aussi fort que leur petit corps pouvait le permettre. Une fois ce but atteint, ils auraient tout le temps de travailler leur précision à l'entraînement. Et par entraînement, j'entends plusieurs milliers de balles par semaine. Je pensais qu'il faudrait répéter ces gestes tous les jours, et chaque jour mieux que le précédent. Sans progression, ce serait une perte de temps. Mes trois premiers enfants frappèrent entre sept mille et huit mille balles par semaine. Andre en frappera deux fois plus. Un jour, je me suis assis pour faire le calcul : cela représentait presque un million de balles par an. Dieu merci, j'avais acheté ces canons à balles.

Les enfants répétaient inlassablement les mêmes coups pendant des jours, voire des années, jusqu'à ce que ces coups deviennent une deuxième nature. Puis ils apprenaient à varier en frappant des coups plus courts ou plus longs, en se tenant au milieu du terrain ou derrière la ligne de fond de court. Et comme un joueur est à l'image de son coup le plus faible, je m'assurais que mes enfants s'entraînent ainsi pour chacun de leurs coups : coup droit, revers, volée, smash… Ainsi, quel que soit le coup auquel ils seraient confrontés pendant un match, ils sauraient instinctivement comment le jouer en alliant vitesse et précision.

Selon moi, cette notion d'instinct allait devenir un élément crucial si le jeu devait évoluer tel que je l'avais prévu. Si le tennis passait d'un jeu d'échecs où les joueurs avaient le temps de réfléchir, de penser stratégie et de prévoir leurs coups, à un sport où ils prennent la balle tôt, avant le sommet du rebond, avec une puissance extrême, les joueurs n'auraient plus le temps de réfléchir afin de prendre des décisions sur le court. Il faudrait que leur corps réagisse de manière instinctive, sans qu'ils aient à réfléchir.

Pour ma part, je n'arrêtais pas de réfléchir. J'étudiais d'autres sports afin de voir ce que je pourrais apporter au jeu de mes enfants. Par exemple, en tant que boxeur je savais que pour donner un bon coup de poing, il fallait effectuer une torsion du poignet. Je supposais que la même technique pouvait s'appliquer à une raquette de tennis afin d'accroître la vitesse et la puissance de la balle, et j'avais raison.

En regardant du football américain, j'ai remarqué que les quarts-arrières parvenaient à générer davantage de puissance dans leurs passes en lançant le ballon légèrement de côté. Comme le geste du lancer n'est pas si différent de celui du service, je me demandais si en décalant le geste du service légèrement sur le côté, celui-ci ne gagnerait pas en vitesse et en puissance. Il se trouve que j'avais là aussi raison.

J'ai par ailleurs noté qu'au moment de frapper la balle, les joueurs de baseball mettaient non seulement tout le poids de leur corps dans leur frappe, mais qu'ils donnaient également un coup de poignet et tournaient violemment les hanches afin de donner de la vitesse à la balle. Je trouvais que ce geste s'appliquait très bien à un coup droit, même lorsqu'on finit avec le poids du corps sur la jambe arrière. Cette technique a finalement aidé mes enfants à donner de la puissance à leurs coups.

Il était même possible d'apprendre du bowling. Les professionnels parviennent, en donnant un léger coup de poignet, à faire tournoyer la boule afin qu'elle s'approche à quelques millimètres du dalot avant de bifurquer jusqu'à la quille centrale.

Et bien sûr, j'ai étudié le tennis. Je me suis intéressé de près à la vitesse de la balle, à ses effets, et j'ai essayé de comprendre ce que faisaient les joueurs pour faire bouger la balle de telle ou telle manière. De temps à autre, des joueurs réalisaient des coups peu orthodoxes. Que cela soit voulu ou non, je prenais note du résultat. Prenez Ivan Lendl. Un jour, je l'ai vu prendre la balle avant le sommet du rebond. C'est probablement la seule fois de sa vie qu'il a frappé la balle de cette manière. Idem avec Bjorn Borg. Parfois, pendant un match, il frappait la balle plus tôt qu'à l'accoutumée. Je l'ai bien remarqué et j'ai vu les changements que cela provoquait chez son adversaire. J'ai donc intégré ces éléments au jeu de mes enfants. Ma manière d'analyser le jeu était digne des théories de Darwin. Le moindre écart dans la technique d'un joueur pouvait aboutir à une toute nouvelle sous-catégorie de coups, voire à un tout nouveau style de tennis. J'ai également analysé ce qui faisait la force des plus grands joueurs en essayant d'intégrer leurs qualités dans le jeu de mes enfants. Je pensais pouvoir prendre un peu de Lendl, y ajouter du Borg avec une pincée de McEnroe afin de créer un joueur imbattable : un Frankenstein du tennis.

Rita dit qu'elle a m'a servi de cobaye, et elle a raison, surtout lorsqu'on pense que les cobayes qui servent à mener des expériences sont généralement détruits. Cela peut paraître un peu mélodramatique, je sais, mais parfois je regrette de lui avoir mis une raquette entre les mains. Je l'ai payé au prix fort, tout comme le reste de la famille.

À vrai dire, j'ai gâché le tennis de Rita en la poussant trop. Je lui ai gâché la vie, tout simplement. J'ai fait en sorte qu'elle ne vive que pour le tennis. Lorsque ses amies étaient au cinéma ou qu'elles sortaient s'amuser, ma fille était toujours sur le court.

Elle détestait ça. Elle voulait se faire plaisir, sur le court. Elle aimait jouer, mais elle détestait qu'on la pousse. C'est pour cette raison qu'elle m'a détesté. Pour finir, elle en a eu assez. Dès que je lui demandais de faire quelque chose, elle faisait le contraire. Il lui arrivait parfois de sacrifier des jeux, voire des matchs entiers pour s'affirmer. Je pense encore aujourd'hui qu'elle aurait pu être meilleure que Martina Navratilova, qui est de quatre ans son aînée, meilleure que Billie Jean King, meilleure que n'importe qui. Mais elle n'en avait pas envie, probablement parce que c'était ce que j'attendais d'elle. Elle était décidée à vivre sa vie, et non celle que je lui avais préparée.

Comme j'apprenais lentement, j'ai commis les mêmes erreurs avec mon deuxième enfant, Phillip. À la différence de Rita, Phillip n'était pas très compétitif de nature, et je pense que le tennis ne l'intéressait pas plus que ça. Il s'énervait souvent, surtout lorsqu'il y avait de la pression dans un match. Tel que je voyais les choses, lorsque vous êtes mené par 0-40 dans un jeu, vous devez lâcher quatre coups gagnants! C'est ce que fait Andre. Lorsqu'il perd, il joue le tout pour le tout, et généralement ça marche. Seulement, Phillip était différent. Il n'avait pas cet instinct de tueur. C'est un type sympa, tout simplement. Je pense que je ne l'ai pas aidé à prendre confiance en lui en criant à tout bout de champ. Néanmoins, il est devenu un bon joueur. Son service a même fini par être plus puissant que celui d'Andre.

Lorsque mon troisième enfant, Tami, nous a rejoints en 1969, j'ai décidé d'adopter une approche quelque peu différente. Comme Rita était malheureuse à cette époque et qu'elle m'en voulait, je savais que j'avais déjà perdu une fille et je ne voulais pas en perdre une autre. Je n'ai donc pas poussé Tami comme j'avais poussé Rita et Phillip. Je lui ai appris à jouer, bien sûr, mais je n'ai pas exigé d'elle qu'elle mette le reste de sa vie entre parenthèses. Si elle voulait jouer, très bien. Si elle ne voulait pas, c'était pareil. Il se trouve que Tami aimait jouer même si elle n'était pas de nature très compétitive.

Au moment de la naissance d'Andre, le 29 avril 1970, j'étais prêt. Je m'étais juré ne pas le pousser comme je l'avais fait avec Rita et Phillip. Cependant, je voulais lui enseigner le tennis avant même qu'il sache marcher, parler ou s'asseoir. Je me disais que s'il prenait goût au tennis, ce serait déjà un début. Et si ce n'était pas le cas, tant pis.

J'avais lu quelque part que le premier muscle qu'un nouveau-né développe est celui qui lui permet de concentrer son regard. Ainsi, avant même qu'Andre ait eu le temps de quitter l'hôpital Sunrise de Las Vegas, je suspendis au-dessus de son lit une raquette Garcia en bois, au bout de laquelle vacillait une balle de tennis. Ainsi, celui qui passait à côté de son lit donnait un coup dans la balle pour la faire bouger dans tous les sens. Chaque fois, Andre suivait la balle avec ses yeux, ses yeux immenses. Ma théorie voulait qu'en grandissant, il soit habitué à voir une balle de tennis lui arriver dessus. Je pensais également pouvoir établir une connexion dans son mécanisme corporel afin qu'il puisse frapper naturellement avec une raquette et augmenter sa coordination main-œil. Lorsqu'il n'avait que six ou sept mois, je lui inventai un jeu bien particulier. Je le plaçais dans sa chaise haute et laissais pendre un ballon au-dessus de sa tête. Ensuite, je lui mettais une raquette de ping-pong entre les mains et il frappait le ballon de toutes ses forces.

Plus tard, lorsqu'il commença à utiliser un trotteur pour l'aider à marcher, je lui donnai la fameuse raquette Garcia qui trônait au-dessus de son lit. Un jour, il l'utilisa pour frapper une salière de l'autre côté d'une porte en verre dans une trajectoire tout à fait droite, alliant vitesse et précision. Lorsqu'il parvint à marcher seul, je l'emmenais dehors et lançais des balles de tennis dans sa direction. Raquette en main, il courait après chaque balle et frappait de toutes ses forces. Très vite, il se mit à jouer seul contre le mur de la maison. Lorsqu'il était fatigué, il mettait la balle sous sa raquette et utilisait le tout comme oreiller pour faire un petit somme. Puis il se réveillait et recommençait à frapper.

Je lui avais déjà appris les rudiments du jeu à l'âge de trois ans : un revers à deux coup droit à une main. À quatre ans, il avait un jeu complet. Il savait servir et volleyer. Il savait tout faire. À six ans, il pouvait renvoyer tout ce que vous lui lanciez.

Vous aurez beau acheter les voitures les plus chères, un hôtel particulier, des terrains de tennis et les meilleurs équipements du monde, le talent et l'ambition ne s'achètent pas. Avec Andre, ce ne fut jamais un problème. Il n'était pas simplement le plus doué de mes quatre enfants, mais également celui qui en voulait le plus. J'irais même jusqu'à dire qu'à partir d'un certain âge, c'est lui qui me poussait. En résumé, Andre était plus facile à entraîner que mes autres enfants. Il avait de l'ambition. Je ne sais pas si c'était l'ambition de jouer au tennis ou simplement celle de me faire plaisir, mais cette ambition était là.

Il devint très vite un phénomène local. Grâce à mes relations dans les casinos, je parvins à convaincre les organisateurs du tournoi annuel Alan King du Caesars Palace de le laisser participer à quelques matchs de démonstration. Une fois, il échangea quelques balles avec Bobby Riggs devant une cinquantaine de spectateurs ébahis. Malgré sa défaite face à Billie Jean King lors de la « Bataille des Sexes » quelques années auparavant, Bobby se montra bon joueur avec Andre, et les deux protagonistes assurèrent le spectacle. Encore aux couches, Andre montait au filet et lobait Bobby. Ce dernier courait pour renvoyer la balle, mais Andre le clouait au fond du court en exécutant un amorti parfait. Cette démonstration reste à ce jour l'un de ses premiers souvenirs.

Je présentai mon fils à plusieurs joueurs du tournoi. Je persuadai également Jimmy Connors d'échanger quelques balles avec lui le jour de ses quatre ans. Après une session avec Ilie Nastase, il signa son premier autographe. Il n'avait que six ans. À huit ans, il frappa quelques balles avec Bjorn Borg. Un jour, les organisateurs du tournoi parvinrent à réunir une demi-douzaine de professionnels pour une association caritative. Les bienfaiteurs pouvaient payer afin de jouer avec un joueur professionnel. Après avoir payé cent dollars, un type laissa sa place à Andre. Il affronta Harold Solomon, qui, au cours de sa carrière, avait remporté vingt-deux titres en simple. À la fin, le public les acclama tellement que Solomon proposa à Andre de jouer un deuxième set. « Son revers est meilleur que le mien ! » s'exclama-t-il. Andre avait alors neuf ans.

Il devint tellement connu et important qu'à la minute où les professionnels arrivaient au Caesars Palace, ils demandaient : « Où est Andre ? »

Où était donc Andre ? Il s'entraînait, comme toujours.

CHAPITRE SIX

> Ça réveillera le club.
>
> Andre Agassi

Le parent hyper zélé au tennis n'est pas un mythe, à vrai dire. Pratiquement tous les joueurs du circuit, hommes et femmes confondus, ont un parent qui est un vrai fou, ou qui se comporte comme tel. Prenez Jim Pierce, le père de l'ancienne prodige du tennis féminin, Mary Pierce. Après avoir frappé deux fans à Roland-Garros en 1992, il fut banni du circuit. Son comportement incita même la WTA à instaurer une nouvelle règle : la « règle Jim Pierce » interdit aux joueurs, aux entraîneurs et aux parents d'agir de manière abusive. Damir Dokic, le père de Jelena Dokic, est un autre cas. Il se vit interdir l'accès aux stades après plusieurs altercations avec des organisateurs de tournoi et les forces de l'ordre. Lors d'un tournoi préparatif pour Wimbledon en 1999, il fut chassé des tribunes pour mauvais comportement et état d'ivresse. Plus tard, la même journée, il fut arrêté après s'être allongé au milieu d'une route. En 2000, il fracassa le téléphone portable d'un journaliste à Wimbledon et fut expulsé de force de Flushing Meadows pour avoir piqué une crise en voyant le prix de son repas. (Il faut bien admettre que ces restaurants prennent parfois un malin plaisir à vous arnaquer).

C'est la même histoire chez les juniors. Prenez le triste exemple du Français Christophe Fauviau. Cet homme fut récemment accusé d'avoir versé des antidépresseurs dans la boisson des adversaires de sa fille et de son fils de seize ans. L'un d'entre eux, Alexandre Lagardère, périt après s'être endormi au volant de sa voiture alors qu'il revenait de son match. Il a écopé de huit ans de prison.

Je tiens à préciser que je ne me suis jamais comporté aussi mal que ça.

J'admets m'être fait une réputation de tyran lorsque mes enfants jouaient des tournois chez les juniors. Je ne dis pas que ce n'était pas mérité, au contraire. Cependant, je rêvais d'un avenir pour mes enfants et j'étais déterminé à faire en sorte que mes rêves se réalisent. Je savais qu'il était important qu'ils fassent des études ; je les ai donc forcés à aller à l'école. De même, le tennis était important ; je les ai donc forcés à jouer. Parfois ils voulaient jouer, parfois ils ne voulaient pas. Quoi qu'il arrive, ils jouaient. Après chaque match, j'allais leur parler de la façon dont s'était déroulée la rencontre ; je me souvenais de chaque point. Ils n'aimaient pas cela. Un jour, Rita a crié : « J'ai gagné ! Laisse-moi tranquille ! » Mais je voulais analyser chaque point pour les aider à progresser.

Tel que je vois les choses, la réussite d'un enfant dépend le plus souvent de ses parents. C'est grâce à leurs parents que les enfants réussissent dans le sport comme dans la vie. Les parents (et la famille en générale) sont les meilleurs professeurs qui existent. Prenez Jimmy Connors. Ce sont sa mère et sa grand-mère qui lui ont appris à jouer. Elles ont fait de lui le génie qu'il est devenu. Les sœurs Williams ont appris le tennis grâce à leur père, Richard Williams. Le père de Steffi Graf a quitté son travail de vendeur de voitures d'occasion pour développer le talent de sa fille. Le père de Monica Seles, qui faisait des bandes dessinées, motivait sa fille en lui dessinant des images amusantes sur les balles de tennis. Ivan Lendl a appris de ses parents, tous deux classés au niveau national en Tchécoslovaquie. Pierce et Dokic sont peut-être allés trop loin, mais vous pouvez être sûr que leurs filles n'auraient jamais fait partie des dix meilleures joueuses mondiales s'ils n'avaient pas consacré toutes leurs énergies à les entraîner.

Quant à moi, j'avais l'impression que la Fédération américaine de tennis (USTA), les directeurs de tournois et les parents tenaient à contrecarrer tous les efforts que je faisais pour mes enfants. Pour commencer, notre région comprenait le Nevada, l'Utah, le Wyoming, le Colorado et le Montana, mais pas la Californie. Je n'ai pas arrêté de rouspéter auprès de la fédération pour qu'ils mettent le Nevada dans la même zone régionale que la Californie. D'une part parce que les deux États sont voisins, d'autre part parce que le niveau de tennis est plus élevé en Californie. Malheureusement, ils ont refusé. Voilà pourquoi chaque semaine, je sortais du travail le vendredi et emmenais les enfants en voiture jusqu'à Salt Lake City, située à quelques huit cents kilomètres de chez nous, puisque la plupart des tournois se déroulaient là-bas. Nous arrivions généralement autour de vingt-trois heures, nous couchions et nous réveillions juste à temps pour que chacun soit à l'heure à son tournoi. Bien entendu, mes enfants ne jouaient jamais dans le même club. Rita jouait dans un club, Phillip dans un autre, et Andre se retrouvait à l'autre bout de la ville. Ils étaient exténués avant même d'entrer sur le court. De leur côté, les gamins de Salt Lake City pouvaient sortir du lit au dernier moment et se présenter tranquillement, frais, reposés et prêts à entrer dans le match.

D'accord. C'est la vie. Je pouvais vivre avec. C'est au moment où mes enfants ont commencé à devenir victimes d'un véritable sabotage que je me suis énervé. J'avais l'impression qu'il y avait comme une mafia du tennis. Lorsque Rita eut seize ans, je lui ai acheté une Chrysler Cordoba 1977 et lui ai remis ma carte de crédit pour qu'elle puisse faire les déplacements seule avec Phillip. Un week-end, ils sont allés à Salt Lake City et ont logé chacun à un endroit différent. Les organisateurs du tournoi les avaient séparés. Pendant le week-end, quelqu'un creva les pneus de la voiture! Et comme si ce n'était pas assez, quelqu'un s'introduisit dans sa voiture et vola à ma fille ses raquettes et son argent. Rita dominait tellement dans sa région que j'imagine que les autres enfants et leurs parents devaient être désespérés. Elle m'a appelé en pleurant. J'ai donc quitté mon travail plus tôt et suis rentré en vitesse à la maison. Après avoir cordé deux raquettes, je me suis rendu à Salt Lake City en roulant à une moyenne de cent soixante-dix kilomètres à l'heure. Je suis arrivé à neuf heures du matin, mais sans parvenir à trouver Rita. Les organisateurs du tournoi me dirent qu'ils allaient la disqualifier.

« Comment ça, vous allez la disqualifier ? demandai-je, incrédule.

– Elle n'est pas là à l'heure. Nous allons devoir la disqualifier.

– C'est bien vous qui vous êtes occupés de son logement ? Alors, où est-elle ?

– On ne sait pas, me dirent-ils en haussant les épaules. Nous ne sommes pas responsables de ses déplacements. »

À ce moment, un camionneur de cent cinquante kilos arriva avec Rita à ses côtés. Elle avait dû faire du stop. Je lui donnai une des raquettes que j'avais cordées et l'accompagnai jusqu'au court. Les organisateurs du tournoi ne la laissèrent pas s'échauffer. Ils la pénalisèrent même pour son retard en donnant quatre jeux à son adversaire. Rita perdit le premier set par 7-5, mais remporta les deux suivants pour finalement s'imposer en trois manches. Le jour suivant, Rita et Philip remportèrent

126

leur finale, mais ni l'un ni l'autre n'accepta son trophée. Nous sommes directement rentrés à la maison.

Même lorsqu'on n'essayait pas directement de saboter les matchs de mes enfants, j'avais l'impression que les organisateurs des tournois cherchaient à trouver un moyen de les empêcher de gagner. Un jour, Phillip jouait une demi-finale. À 5-3, il conclut par sa balle de match, marcha tranquillement jusqu'au filet et serra la main de son adversaire. Tout à coup, un des organisateurs du tournoi annonça que la balle était à l'extérieur, alors qu'il se trouvait à vingt-cinq mètres des joueurs. Pas un seul des autres organisateurs se trouvant plus près ne vint prendre notre défense. Le pauvre Phillip dut retourner derrière sa ligne de fond de court pour rejouer le point. Malheureusement, il était tellement démonté et en colère qu'il ne put mettre deux balles de suite dans le court. Son adversaire remporta le jeu, ainsi que tous les autres jusqu'à la fin de la rencontre.

C'est le genre de choses qui me mettait hors de moi.

Je pensais que la Fédération américaine de tennis et les organisateurs de tournois auraient pu s'intéresser aux meilleurs juniors. Ils auraient pu vouloir les aider à développer leur talent et à atteindre un niveau international si les enfants le souhaitaient. Si j'avais bien compris, c'était son rôle. Ce n'est pourtant pas ce qu'elle faisait. J'ai toujours eu l'impression que tout était politique avec eux. Tout le monde se fichait de savoir qui était le meilleur. Ils avaient leurs préférés, et ils faisaient tout leur possible pour que ces joueurs-là soient récompensés.

Un jour, j'ai emmené Andre à Houston pour un tournoi. Je ne l'avais pas inscrit mais je savais qu'il était assez bon pour y participer. J'ai donc essayé de lui obtenir une *wild card*. Je suis allé trouver le responsable du tournoi et l'ai persuadé de regarder Andre jouer pour qu'il l'inscrive dans le tableau. En un rien de temps, d'autres parents ont commencé à appeler le type en lui disant que s'il laissait Andre jouer, ils le poursuivraient en justice. Si mon fils avait été accepté dans le tournoi, il l'aurait probablement gagné.

Pendant toutes ces années, nous avons dépensé beaucoup d'argent à payer des avocats afin de nous défendre contre ce type d'attaques.

La NCAA (Association nationale du sport collégial américain) ne valait pas mieux. Lorsque Phillip jouait en tant que numéro un dans l'équipe de l'Université du Nevada à Las Vegas (UNLV), il remporta quarante victoires et ne concéda que trois défaites. Pourtant, lorsque vint l'heure de décider qui devait participer au tournoi de la NCAA, les entraîneurs de la région de Phillip votèrent contre lui à trois contre deux. À la place, ils ont envoyé trois joueurs qui avaient chacun perdu une douzaine de matchs. Deux de ces joueurs avaient perdu face à Phillip. J'avais de la peine pour mon fils. Je l'ai donc fait savoir à la NCAA et à la Fédération américaine de tennis, mais en vain. Cela me rappelait la manière dont le Comité olympique iranien avait essayé de m'écarter des jeux de 1948 alors que je m'étais nettement qualifié. Malheureusement, cette fois il n'y avait pas de schah pour me rendre justice.

Donc oui, en effet, il m'est souvent arrivé de me mettre en colère. J'avais comme priorité de protéger mes enfants et de m'assurer qu'ils ne se fassent pas entuber par le système. Je pense que beaucoup de parents me trouvaient impoli, alors qu'ils en faisaient autant pour leurs enfants. Par exemple, comme tous les parents, je leur donnais des conseils à partir des gradins. Nous avions établi notre propre langage des signes, et je passais mon temps à gesticuler comme un arbitre de baseball. Cependant, à cause de moi, il est devenu interdit de donner des conseils pendant les matchs. Pourquoi? Parce que nos enfants battaient tout le monde. Ce n'était pas à cause de mes conseils. Ils auraient gagné d'une manière ou d'une autre. En tout cas, les organisateurs de tournois ne voulaient surtout pas nous donner le moindre avantage. Par la suite, où que j'aille, trois autres parents étaient présents pour s'assurer que je respectais bien les règles. J'aurais pu péter, ils m'auraient accusé de donner des conseils.

Peut-être était-ce simplement une différence culturelle. Sans vouloir généraliser, les habitants du Moyen-Orient ont tendance à se montrer assez agressifs, ce qui n'est pas de bon ton dans les clubs privés. Tout cela me rappelle mon premier jour en Angleterre, lorsque nous avons traversé Londres en car et que cet interprète nous a bien dit de ne pas cracher et de ne pas jeter d'ordures dans la rue. Peut-être que si j'avais eu un guide au moment où mes enfants ont commencé à jouer, je me serais un peu mieux débrouillé. Il aurait pu me dire « Souris gentiment quand tu poignardes quelqu'un dans le dos » ou encore « Sers la main des autres parents par esprit sportif, même si cet esprit sportif a été inexistant ». Cependant, ce n'était pas ma manière de faire. Quand quelque chose n'allait pas, je le disais! Je m'emportais. J'allais interpeller les organisateurs lorsque j'avais l'impression qu'il y avait de la triche. J'emmerdais les autres parents en parlant fort et, pire encore, en osant remettre en question leurs décisions. Je les affrontais lorsque je pensais que nous avions été lésés. Un jour, après qu'on eut volé un match à Andre à cause de décisions d'arbitrage exécrables, j'ai dit au directeur du tournoi qu'un jour il me supplierait de laisser mon fils jouer en Coupe Davis pour eux. Il s'est moqué de moi. Ils se sont tous moqués de moi. Mais bien des années plus tard, alors que je regardais Andre jouer un match de la Coupe Davis en Allemagne, ce même type est venu me voir en souriant et m'a dit : « Vous vous souvenez de ce que vous m'aviez dit? »

Bien sûr que je m'en souvenais. Je n'ai jamais oublié.

Aussi pourries que ces magouilles politiques puissent être chez les juniors, ce n'était qu'un début. Le degré d'injustice ne fait qu'augmenter avec le niveau de jeu. Même les tournois du Grand Chelem sont injustes en matière de distribution des *wild cards*. À Roland-Garros, par exemple, les *wild cards* ont tendance à aller à des joueurs français. Sinon ils marchandent : « On prend deux Australiens dans le tableau de Roland-Garros, mais vous nous prenez deux Français au prochain Open d'Australie. » Cela marche à merveille pour l'Australie et la France, mais les autres ? Je pense que l'on devrait distribuer ces *wild cards* en se basant sur le niveau de jeu des joueurs. Franchement, le but des tournois du Grand Chelem est de montrer les performances des meilleurs joueurs mondiaux au grand public. Si on n'accorde pas à ceux qui ont gagné le droit d'être présents, alors pourquoi se donner tant de mal ? Mieux encore, on devrait abolir les *wild cards*. Il faudrait permettre aux anciens vainqueurs du Grand Chelem d'entrer directement dans le tableau, ainsi que les seize premiers au classement. Tous les autres devraient jouer un match de qualification. Comme ça, il n'y aurait pas de rancune. Sincèrement, le meilleur moyen de régler le problème est de créer une fédération pour le tennis comme la FIFA pour le football et la FIS pour le ski. Au moins, les tournois auraient plus de chances d'être dirigés de manière juste et on pourrait en faire la promotion comme il se doit. Malheureusement, je pense qu'aucun dirigeant ne tient vraiment à voir un changement quelconque. Le tennis va continuer comme avant et, peu à peu, il va perdre son auditoire et ses commanditaires au profit d'un sport comme le golf.

Chez les juniors, le problème était en partie qu'un groupe de parents dirigeait les tournois, et que si vous ne faisiez pas partie de ce groupe, votre gamin l'avait dans l'os. Inutile de dire que nous ne faisions pas partie du groupe. Peut-être était-ce parce que mes enfants étaient bien meilleurs que les autres ou encore était-ce une question de caste ? La plupart de ces parents étaient médecins, avocats, professeurs de faculté ou chefs d'entreprise, et moi je débarquais : employé de casino. Et bien entendu j'étais Iranien, ce qui, pendant la crise des otages de 1979, ne m'a pas valu que des amis.

L'Iran connut un déclin brutal dans les années qui suivirent mon départ. Après avoir quitté le pays, au début des années cinquante, le schah obtint l'aide des États-Unis, de la France et des Pays-Bas afin de préparer son retour. En échange, il donna l'autorisation à un consortium international de gérer le pétrole iranien pour les vingt-cinq années suivantes. Ces entreprises étrangères gardaient la totalité des bénéfices et l'Iran ne touchait rien. Ce fut sans surprise que les sujets du schah montrèrent leur désapprobation.

Puis, au début des années soixante, le schah fut à l'origine de nombreuses réformes économiques, sociales et administratives plus libérales. Ces réformes provoquèrent la colère de groupes politiques et religieux plus conservateurs. Les émeutes de 1963 et l'assassinat du premier ministre Hassan Ali Mansur, en 1965, incitèrent le schah à lancer une offensive au moyen de sa redoutable police secrète, la Savak. Au début des années soixante-dix, le schah souffrait de l'opposition généralisée des groupes politiques et religieux. Cette opposition n'allait que continuer à grandir. Au début de l'année 1979, il prit conscience de sa situation et décida de prendre «un congé» (en d'autres termes, de fuir afin de rester en vie). En son absence, l'ayatollah Khomeini lança la Révolution islamique, qui s'acheva par la création d'une république théocratique fondée sur les principes de l'islam. Il va sans dire que le nouveau gouvernement était extrêmement conservateur et anti-occidental. Ceux qui préféraient le schah apprirent à se faire discrets pour sauver leur peau.

En 1979, des étudiants et des militants iraniens attaquèrent l'ambassade des États-Unis à Téhéran et prirent soixante-six personnes en otage. Ces militants avaient été furieux d'apprendre que le schah avait eu la permission de recevoir des soins médicaux aux États-Unis (ils avaient exigé qu'on le renvoie en Iran pour y être traduit en justice) et ils étaient pour la plupart en colère de voir les États-Unis soutenir le régime du schah. Après des mois de négociations infructueuses visant à faire libérer les otages, le président américain Jimmy Carter coupa toute relation diplomatique avec Téhéran et imposa un embargo économique total sur l'Iran.

Je ne pouvais lui en vouloir, mais tout cela n'était pas bon pour les membres de ma famille qui étaient restés là-bas. Les choses ne firent qu'empirer lorsque le voisin iraquien commença à envoyer des missiles sur l'Iran, ce qui marquait le début d'une guerre qui allait durer huit ans.

Heureusement, en 1979, la plupart d'entre nous, survivants de la famille Agassi, avions quitté l'Iran pour de bon et commencé une vie nouvelle aux États-Unis. Ma sœur Helen avait eu la chance d'épouser un pasteur luthérien américain qui avait été missionnaire en Iran. Ils s'étaient installés à Belvedere, dans l'Illinois, en 1959. Quant à ma mère, elle était parvenue à obtenir un visa de visiteur en 1969, après la mort de mon père. Elle passa les onze années suivantes à vivre à tour de rôle avec Betty, les enfants et moi à Las Vegas, et avec Helen dans l'Illinois. Elle mourut en 1980. Cependant, mes frères Issar et Helmut n'eurent pas autant de chance.

Issar avait fait fortune en Iran sous le règne du schah en se retrouvant à la tête d'une raffinerie de pétrole. Malheureusement, lorsque la révolution éclata et que sa raffinerie tomba entre les mains du nouveau gouvernement, il sut qu'il fallait fuir, tout comme l'avait fait notre père lorsque l'Armée blanche avait cédé face aux bolcheviks. Après avoir soudoyé les «bons» représentants du gouvernement, Issar, sa femme et leur fille quittèrent l'Iran au milieu de la nuit afin de rejoindre les

États-Unis, après une escale au Pakistan. J'étais fou de joie à l'idée de le revoir. Je l'avais toujours adoré. Malheureusement, il ne parvint pas à trouver un emploi décent. Cela ne semblait intéresser personne d'offrir à un Iranien un poste pour lequel il était pourtant qualifié. Il mourut de stress quelques années plus tard. Malheureusement, Issar n'était pas le premier de mes frères à mourir. En 1972, mon frère Sam s'était tué dans un accident de canoë en tombant dans un barrage. J'étais proche de Sam et son décès fut très dur pour nous tous. Il était difficile de croire que ce jeune homme fier, qui était venu me chercher à la gare routière, n'était plus parmi nous.

Quant à Helmut, il était coincé. Il était parvenu à émigrer aux États-Unis en 1962, mais, inspiré par la réussite d'Issar en Iran, il était retourné à Téhéran en 1970. Helmut est la seule personne que je connaisse qui ait quitté les États-Unis pour l'Iran. Il tenta sa chance pendant un moment en se mariant et en fondant une famille, mais la Révolution islamique réduisit tous ses espoirs de réussite à néant.

À treize ans, Rita commençait à en avoir plus qu'assez du tennis. Le régime d'entraînement intensif que je lui avais imposé, et que certains qualifiaient de malsain, commençait à nous peser dessus, à tous les deux. Elle ne m'écoutait plus. Elle s'en fichait. Elle perdait des matchs exprès pour me rendre malheureux. Si je la regardais, elle envoyait ses retours par-dessus le grillage. Tant que je n'étais pas là, elle jouait son jeu et gagnait la plupart du temps. Mais dès que j'avais le malheur de pointer le nez au bord du court, elle commençait à faire n'importe quoi. Si je voulais la voir jouer, je devais grimper en haut d'un arbre et me percher sur une branche bien solide, à l'abri de son regard. Pourtant, lorsqu'une amie l'invita à venir participer à un cours de tennis organisé par Pancho Gonzalez au Caesars Palace, à un moment où elle pouvait ressentir de l'aversion pour ce sport, elle accepta.

Pancho, qui était le nouveau directeur de la section tennis du Caesars Palace, remarqua immédiatement le talent de Rita.

À seulement treize ans, elle était déjà sidérante. Je l'avais faite commencer alors qu'elle savait à peine marcher. Elle avait débuté bien plus tôt que les autres filles, et ça a payé. Pour moi, Rita aura été la première femme à frapper aussi fort que Venus et Serena Williams. Elle frappait presque aussi fort qu'Andre au même âge, ce qui, en 1973, était du jamais vu. Elle n'était pas la plus rapide, mais cela n'avait pas d'importance. Personne ne pouvait tenir contre elle, car les autres filles ne pouvaient jamais renvoyer la balle. Elle frappait à deux mains des deux côtés de manière sensationnelle. Ses coups d'alors ne sont pas sans me rappeler ceux que Monica Seles allait utiliser avec tant d'efficacité bien des années plus tard.

Lorsque je suis arrivé pour aller chercher Rita, Pancho s'est approché de moi et m'a demandé :

« Comment avez-vous appris à cette fille à frapper la balle ?

– J'ai utilisé des canons à balles, répondis-je. Elle s'entraîne chaque jour pendant des heures.

Il hocha la tête et siffla.

– Elle est incroyable », dit-il.

En dépit du bon sens, j'ai embauché Pancho pour qu'il aide Rita. Je dis « en dépit du bon sens », car je savais depuis le début quel type d'homme était Pancho. À Chicago, j'avais été juge de ligne pendant un de ses matchs. Gonzalez n'était pas d'accord avec certaines de mes décisions et il m'a tellement crié dessus de rage que je suis parti au milieu du match. En ce qui le concerne, ce n'était qu'un incident parmi d'autres. Pancho était peut-être connu pour son jeu, mais il était encore plus réputé pour son mauvais comportement sur le court. Un jour, lorsque l'arbitre a refusé de revenir sur une décision litigieuse, Pancho a écrasé son micro par terre. Lors d'un autre match, il a jeté une chaise sur un arbitre. Si vous demandez à n'importe quel connaisseur de nommer les joueurs les plus caractériels de l'histoire du tennis, la plupart vous citeront John McEnroe ou Jimmy Connors. Il n'y aucun doute que ces deux joueurs avaient un tempérament explosif et utilisaient un langage bien peu courtois, mais c'étaient des poids plume dans cette catégorie. Pancho Gonzalez était loin devant eux.

Même si je savais à quoi m'attendre, je ne me sentais pas à l'aise d'avoir mis ma fille entre les mains d'un tel personnage, mais j'avais le dos au mur. Il y avait longtemps que Rita avait cessé de m'écouter. Si elle devait atteindre le niveau que je la savais capable d'atteindre, il lui faudrait une aide extérieure. Pancho était mon seul espoir.

Il est étrange de penser que j'avais tant en commun avec Pancho Gonzalez, compte tenu du fait que je l'ai tellement méprisé à une époque. Tout comme mon père, qui avait connu les pires difficultés à quitter la Russie, faisant la route à bicyclette, à dos de mule et à pied jusqu'en Iran, le père de Pancho, Manuel, avait fait à pied le voyage entre Chihuahua au Mexique et l'Arizona. Cela représentait près de mille cinq cents kilomètres. Il s'installa finalement dans le sud de Los Angeles et y travailla en tant que peintre en bâtiment. Pancho décrivait son père comme un homme discret, qui haussait rarement la voix. J'aurais facilement pu dire la même chose de mon père.

Pancho et moi venions tous les deux d'une famille nombreuse. Il avait six frères et sœurs, j'en avais quatre. Comme nous, les Gonzalez menaient une vie simple. Comme Pancho l'écrivit dans sa biographie *Man with a Racket* en 1959 : « Il y avait peu de luxe chez nous. Nous n'avions pas tellement à manger, mais c'était simple et consistant, et nous n'étions jamais affamés. Nos vêtements étaient simples. Ils n'étaient pas chers mais ils étaient propres. »

Ça vous dit quelque chose ?

La ressemblance ne s'arrête pas là. Il avait également choisi un nom qui lui convenait, « Pancho » au lieu de « Richard », qui figurait sur son acte de naissance. Tout comme moi, il avait appris seul les rudiments du tennis. Dans son cas, il utilisait une raquette à cinquante et un cents que sa mère lui avait achetée à la place de la bicyclette qu'il avait demandée. Il était le dernier des reclus du tennis. Il raffina son jeu à Los Angeles, sur les huit courts publics d'Exposition Park, loin du Tennis Club de Los Angeles, l'enclave même de la WASP d'où sortaient la plupart des meilleurs joueurs de la région. Le célèbre journaliste du *New York Times* Allison Danzig qualifia un jour Pancho de « marginal le plus grossier des temps modernes », et il n'avait pas tout à fait tort.

Il est intéressant de noter que son style de jeu ressemblait assez à celui d'Andre. Tous les deux se distinguèrent par leurs réflexes et leur approche brutale du jeu. Tout comme Andre, Pancho frappait la balle de toutes ses forces dès que celle-ci lui arrivait dessus. De même, la courbe de la carrière de Pancho ressemble à celle d'Andre. Ces deux joueurs promettaient énormément en début de carrière. Pancho remporta le tournoi de Forest Hills en 1948 et devint champion des États-Unis en simple. De son côté, Andre fit grosse impression en débarquant sur le circuit alors qu'il était encore adolescent. Les fans de tennis critiquaient beaucoup Andre lorsqu'il était jeune parce qu'il n'était pas constant (par paresse et par manque d'engagement de sa part), tout comme ils avaient critiqué Pancho en disant qu'il disparaîtrait rapidement et qu'il rentrerait chez lui la queue entre les jambes. En effet, après son incroyable victoire à Forest Hills, Pancho s'est reposé sur ses lauriers et a quasiment perdu tous ses matchs jusqu'à la fin de l'année 1948 (même s'il est revenu en grande forme l'année suivante pour défendre son titre à Forest Hills avec succès). Dans son autobiographie, il écrivit : « Et les langues commencèrent à se délier. Certains clamaient que ma victoire n'était qu'un coup de bol. »

Après être passé professionnel en 1949 et avoir profité d'une renommée internationale en remportant la Coupe Davis avec l'équipe américaine contre l'Australie, Pancho se faisait massacrer tous les soirs par son adversaire, Jack Kramer. (À cette époque, il n'y avait pas de circuit professionnel comme aujourd'hui. Des promoteurs comme Bobby Riggs organisaient plutôt des tournées lors desquelles deux joueurs s'affrontaient chaque soir.) Humilié, Pancho entra en semi-retraite, du moins pendant un temps.

Bien sûr, Andre et lui auront tous deux fait mentir leurs détracteurs en menant une longue carrière. À trente-trois ans, Andre devint l'un des plus vieux joueurs à accéder à la première place mondiale (en 2003). De même, Pancho effectua son retour en 1954, à vingt-six ans, et obtint le titre de champion professionnel à neuf reprises en dix ans. Après une deuxième brève retraite en 1963, il fit un nouveau retour sur les courts et continua à remporter des matchs après ses quarante ans, dont un match de premier tour incroyable à Wimbledon en 1969, face à son protégé Charlie Pasarell. Pancho s'imposa par 22-24, 1-6, 16-14, 6-3 et 11-9 en deux jours. Ce match, qui dura cinq heures et douze minutes, totalisant cent douze jeux, incita pour une part les organisateurs à instaurer le jeu décisif. En 1971, à quarante-trois ans, Gonzalez élimina le jeune espoir du tennis américain Jimmy Connors, alors âgé de dix-neuf ans, lors du Pacific Southwest Open.

Aussi impressionné qu'ait pu être Pancho en voyant ma petite Rita, l'inverse était au moins aussi vrai. Celui qui a dit « grand, le teint mat et séduisant » devait probablement penser à Gonzalez. Comme Vincent Flaherty du *Los Angeles Examiner* l'écrivit un jour en parlant de Pancho : « Le cinéma ne pourrait pas avoir de spécimen plus viril pour représenter l'Homme. Il ferait fondre le cœur de la plus froide des femmes. »

N'importe quoi.

Je pense que Rita s'est éprise de Pancho le jour où elle l'a rencontré, malgré les trente-deux ans qui les séparaient. Il est né deux ans avant moi ! Mais voyez-vous, en plus d'être beau garçon, il a su toucher le cœur de Rita simplement en la complimentant, ce que je faisais rarement.

Elle n'avait que quinze ans, mais je commençai à me douter qu'elle vivait avec Pancho quelque chose de plus fort qu'un simple amour de jeunesse. Je me souvenais alors d'une histoire dont j'avais entendu parler à Chicago, celle d'un enseignant qui avait séduit une élève de quinze ans. Étant donné ce que je savais du passé de Pancho avec les femmes, à savoir qu'il en était à son cinquième mariage et qu'il avait sept enfants, j'avais peur que Rita connaisse le même sort. Je lui ordonnai de ne plus s'entraîner avec Pancho mais elle refusa. À cette époque, je ne pouvais pas faire grand-chose pour me faire obéir. Il l'avait engagée dans son magasin de tennis au Caesars Palace en la payant trente dollars par jour. Il l'embaucha par la suite pour qu'elle donne des leçons de tennis. Elle devint relativement indépendante. Dès qu'elle eut dix-huit ans, elle déménagea. Elle voyagea sur le circuit un certain temps et participa à quelques tournois satellites avec Pancho comme entraîneur. Elle accéda même au top 100 avant de prendre sa retraite et de redonner des cours de tennis.

En 1984, Pancho et Rita se marièrent. Rita avait vingt-quatre ans et Pancho, cinquante-six.

Il va sans dire que je n'ai pas assisté à la cérémonie. Betty y est allée seule.

Après son mariage, Rita n'existait plus à mes yeux. Nous ne nous sommes pas parlé pendant des années. Je la voyais lors de certains tournois, mais nous ne nous adressions pas la parole. Il y avait beaucoup de tension et beaucoup de problèmes pour nous tous. Néanmoins, Betty ne l'a jamais abandonnée. Elles se parlaient toujours et j'en étais heureux. J'étais soulagé de savoir que quelqu'un dans la famille était encore en contact avec elle. Mais pour moi, c'était fini.

Écoutez, ma fille était en âge de prendre ses propres décisions. Après tout, Betty et moi nous étions mariés sans le consentement de nos parents. J'étais pourtant certain qu'elle avait épousé Pancho pour me contrarier. Elle savait ce que je pensais de lui. C'était le pire choix qu'elle puisse faire. Il était bien trop vieux et son passé jouait contre lui. Mais pour Rita, se marier avec Pancho était le meilleur moyen de se rebeller. C'était sa façon à elle de nous déclarer son indépendance, à sa mère et à moi, et de me dire d'aller me faire voir en même temps. Peut-être qu'elle l'aimait, je ne sais pas. En tout cas, elle prétendait qu'elle l'aimait. Si c'est vrai, je pense que c'était ce type d'amour de jeunesse illusoire, le genre d'amour que l'on ressent lorsque nos hormones se retournent dans tous les sens comme des vêtements dans une sécheuse.

Elle me manquait, bien sûr. Elle était bruyante, fougueuse, et c'était une emmerdeuse, mais c'était *mon* emmerdeuse. J'essayais malgré tout de me concentrer sur ce qu'il y avait de positif dans ma vie : la réussite d'Andre sur le circuit junior. Je voulais également m'assurer qu'il réalise mon rêve, alors que Rita n'y était pas parvenue.

CHAPITRE SEPT

Les parents doivent rester des parents. Il est impossible d'avoir un père ou une mère qui assume en même temps un rôle d'entraîneur. Ce n'est pas sain pour la relation. Il arrive toujours un moment où l'on commence à les détester.

Marat Safin, vainqueur de l'US Open en 2000

Tout comme Rita, Andre m'a maudit pendant son adolescence. À treize ans, il ne m'écoutait plus. Je n'ai pas mis longtemps à me rendre compte qu'il allait percer sur le circuit ATP et qu'il aurait besoin de plus d'aide que je pouvais lui en apporter. Ainsi, tout comme j'avais placé Rita sous la tutelle de Pancho Gonzalez (sans parler de la triste conclusion de cette histoire), il fallait que je trouve un entraîneur pour Andre. Le problème était qu'à Las Vegas personne n'était en mesure de se charger de cette mission. Pancho n'était plus là pour des raisons évidentes. De toute façon, Gonzalez pensait qu'Andre n'avait pas l'étoffe nécessaire. «Il est tout petit», disait-il d'un ton moqueur. Il pensait que Rita était mon meilleur espoir, mais à cette époque elle avait déjà pris sa retraite.

En ce qui concerne son opinion sur Andre, Gonzalez faisait cependant partie d'une minorité. Quelques années auparavant, lorsque Andre avait à peu près onze ans, nous l'avions emmené à un tournoi à San Diego. Pancho Segura, légende vivante du tennis, assista par hasard à l'un de ses matchs et nous invita chez lui avec un homme surnommé Tutti Frutti parce qu'il vendait différentes sortes de jus dans le sud de la Californie. Lorsque nous arrivâmes, Segura et Tutti Frutti passèrent quelques coups de téléphone dans la région afin de faire jouer un match à Andre dans l'espoir de faire quelques paris. Je voyais où ils voulaient en venir. À l'époque de Segura, les joueurs pariaient sur des sets afin d'augmenter leur piètres revenus. Leur idée m'a tout de suite rebuté. « Mon fils n'est pas une pute », leur dis-je. Loin d'être découragé, Segura me proposa de jouer un set contre Andre et de faire un pari, amical bien sûr.

J'étais curieux de voir comment Andre allait se débrouiller face à Segura. Dans la soixantaine, Segura avait peut-être entamé les dernières années de sa vie, mais il était encore en forme et agile. C'était également un maître tacticien. Néanmoins, je n'étais pas emballé à l'idée d'utiliser Andre comme un jeton de casino, et de toute façon je n'avais pas assez d'argent sur moi. Segura proposa de mettre cent dollars sur la table pour donner de l'intérêt au pari. Je déclinai son offre. Quoi qu'il en soit, Tutti Frutti attrapa son énorme portefeuille et en sortit un billet de cent dollars. Le pari était lancé.

Et voilà comment mon fils de onze ans s'est retrouvé de l'autre côté du filet face à Pancho Segura, âgé de soixante et quelques années. Ce fut tout un match. Andre brisa Pancho à la fin de la manche, mais au moment de servir pour le gain de la rencontre, un des témoins en appela de la décision et jugea la balle à l'extérieur. Cette balle n'était pas sortie, je l'avais vue de mes propres yeux, mais c'est comme ça. Segura s'imposa finalement par 7-5 et remporta le match.

Par la suite, il nous fit une offre : il proposait d'entraîner Andre six jours par mois. En échange, il voulait contrôler entièrement sa phase d'apprentissage et toucher douze pour cent des gains qu'il gagnerait plus tard. Tout ce que nous avions à faire était de mettre Andre dans un avion pour San Diego douze fois par an, et l'affaire était conclue.

Alors que nous étions assis là, je réfléchissais.

J'aimais bien Pancho. Mis à part son côté parieur, je me retrouvais en lui. Il avait appris le tennis en ramassant les balles dans le club où son père était à l'entretien, le Tennis Club de Guayaquil, en Équateur. Souffrant de rachitisme lorsqu'il était enfant, ce qui avait eu pour effet de lui arquer les jambes, Segura avait développé un merveilleux coup droit à deux mains et s'était glissé parmi l'élite du tennis mondial. Il avait brillé d'abord en jouant pour l'Université de Miami, où il avait remporté trois titres d'affilée en première division pendant les années quarante, puis s'était illustré sur le circuit professionnel aux côtés de grands joueurs tels que Jack Kramer et Pancho Gonzalez. Par ailleurs, en dehors de sa carrière de joueur, Segura s'était construit un curriculum vitæ plutôt costaud en tant qu'entraîneur. Parmi les plus grands exploits qu'il avait accomplis, il avait conduit son protégé Jimmy Connors jusqu'à la victoire à l'Open d'Australie, à Wimbledon et à l'US Open pendant les années soixante-dix.

Mais lorsque, malgré tout son talent, il me proposa de travailler avec Andre, je refusai. À l'époque, nous n'avions aucune idée de ce qu'Andre pourrait gagner, mais douze pour cent me paraissait une bien grosse part. De toute manière, je n'étais pas prêt à laisser partir Andre et à donner carte blanche à quelqu'un d'autre pour tout ce qui touchait son tennis. Il n'avait que onze ans, et il n'avait pas encore décidé de ne plus m'écouter.

C'est venu plus tard...

Un soir, à l'émission *60 Minutes,* j'ai vu une publicité sur le Tennis Boot Camp. L'entraîneur s'appelait Nick Bollettieri et l'académie qu'il dirigeait se trouvait à Bradenton, en Floride. J'avais déjà entendu parler de lui. Comme je l'ai mentionné dans l'introduction, Bollettieri était connu pour hurler des ordres à ses joueurs en leur faisant exécuter des séquences de jeu pendant plusieurs heures d'affilée. Ancien parachutiste, il dirigeait un programme très strict. Ses élèves dormaient dans des chambres plutôt austères sans le moindre confort, et où quelqu'un pouvait entrer à tout moment pour fouiller leur chambre. La drogue, l'alcool, les cigarettes et toutes les cochonneries que les jeunes aiment manger y étaient interdits. Afin de favoriser le niveau de compétition, on poussait les enfants à ne pas se lier d'amitié entre eux. Par exemple, ils n'avaient pas le droit de se rendre visite dans leurs chambres. Il leur était interdit de regarder la télé et d'appeler leur famille pendant la semaine. Ceux qui ne respectaient pas son code de conduite avaient droit à différentes punitions : faire des tours de stade en courant, arracher les mauvaises herbes de son jardin, ou encore nettoyer sa voiture.

Cependant, ce n'était pas le côté sergent instructeur de Bollettieri qui m'intéressait. À vrai dire, Bollettieri ne m'intéressait pas vraiment. Je l'avais déjà rencontré auparavant. Il était passé par Las Vegas au début des années soixante lorsque je travaillais au Tropicana. Il m'avait paru sympathique, mais un peu trop beau parleur et faux à mon goût. J'avais pu me rendre compte, à partir de notre bref entretien, qu'il ne connaissait rien au tennis. Il avait également été marié à plusieurs reprises avant de fonder son académie, ce qui m'avait rebuté. Je sais que cela n'a rien à voir avec les qualités d'un entraîneur, mais j'ai toujours considéré le mariage comme un acte sacré, voilà tout.

Ce qui m'intéressait était plutôt de savoir que l'académie de Bollettieri s'occupait d'une douzaine de gamins qui jouaient au tennis comme personne.

Il m'était devenu presque impossible de trouver qui que ce soit à la hauteur d'Andre à Las Vegas. Mes enfants étaient tous d'excellents joueurs, mais Andre faisait partie d'une classe à part. Il était partout sur le terrain ! Ses adversaires ne savaient jamais où il allait frapper la balle, et même s'ils le savaient, Andre frappait tellement fort qu'ils ne parvenaient pas à mettre leur raquette dessus. Il a commencé à jouer des tournois à huit ans, alors qu'il était encore tout petit, et dès le début il a commencé à battre des garçons de dix et onze ans. Avant même de fêter ses dix ans, il battait déjà tous les garçons de douze ans dans notre région et en Californie. À onze ans, il battait les joueurs de quatorze ans.

Nous traversions le Nevada, l'Utah et la Californie en voiture pour qu'Andre puisse jouer contre des joueurs de son niveau, et même en voyageant autant, nous avions du mal à trouver des adversaires de sa trempe. Les adultes ne voulaient pas jouer contre lui parce qu'ils avaient honte de perdre (il était en deuxième secondaire à l'époque), et il n'y avait pas beaucoup de gamins qui lui arrivaient à la cheville.

Je ne veux pas dire que la compétition était inexistante. Non, il y avait un gamin un peu désarticulé qui avait un an de moins qu'Andre ; il s'appelait Pete Sampras. Mais pour être honnête, lorsque Andre et Pete jouaient chez les juniors, je ne pensais pas que Pete irait bien loin. À cette époque, il était petit et maigre. Son entraîneur, le docteur Peter Fischer, le faisait toujours participer à des tournois dans la catégorie des moins de douze ans alors qu'il n'avait que neuf ans, et il se faisait démolir presque systématiquement. Tout comme Andre, Pete jouait service-volée, mais comme c'était un gringalet, son service n'était pas assez puissant pour lui permettre de le tourner à son avantage. Par contre, en grandissant, son physique a servi son jeu. Au moment de passer professionnel, en 1988, Sampras mesurait un mètre quatre-vingt-cinq et pesait soixante-dix-sept kilos. Ses membres étaient longs et il était devenu puissant. Son service, qui ne fonctionnait pas chez les juniors, était devenu aussi meurtrier qu'une guillotine et impossible à anticiper.

Non seulement Andre jouait contre Sampras dans son groupe d'âge, mais il s'entraînait souvent avec Michael Chang, un autre jeune joueur californien. Mais contrairement à Sampras, qui n'a pas vraiment brillé chez les juniors, Chang était toujours dur à battre. Il avait deux ans de moins qu'Andre et était aussi agité qu'un lapin. Il renvoyait tout ce qu'on lui envoyait de l'autre côté du filet. Bien que l'âge d'Andre ait joué en sa faveur chez les juniors, lui permettant de battre Chang la plupart du temps, je pensais, à juste titre, que Chang allait réussir chez les pros.

Chez Bollettieri, il y avait un bon nombre de gamins qui pourraient tenir la dragée haute à Andre. Ils ne seraient peut-être pas aussi bons que lui, mais au moins ils lui offriraient les défis qui lui permettraient de continuer à évoluer.

Un jour, j'ai fini par l'appeler.

Je l'ai joint quelques mois après avoir vu sa publicité à l'émission *60 Minutes*. J'avais obtenu son numéro par un homme dont le fils, Aaron Krickstein, faisait partie des élèves de l'académie. Le docteur Krickstein m'avait appelé à plusieurs reprises après avoir vu Andre jouer lors du tournoi de l'Orange Bowl, en Floride. L'Orange Bowl est un tournoi annuel réputé pour attirer les meilleurs juniors de la planète. Ce tournoi est également important pour les jeunes joueurs qui souhaitent améliorer leur classement.

Selon Krickstein, Bollettieri avait vu Andre jouer, et il avait appelé tous ses entraîneurs ainsi que la moitié de ses élèves autour du court pour l'observer. Lorsque Andre se trouvait sur un court, les gradins des autres terrains se vidaient en un quart de seconde. On aurait pu voir les feuilles des arbres voler dans tous les sens derrière le passage des spectateurs. À l'époque, le tennis que pratiquait Andre était tout à fait atypique. Il était très rapide, et il frappait la balle tellement tôt et fort qu'il était presque impossible pour quiconque de la lui renvoyer. Aujourd'hui, tout le monde joue ainsi, mais dans ce temps-là, c'était du jamais vu.

Bollettieri avait beau ne pas vraiment s'y connaître en tennis, il avait tout de même remarqué qu'Andre jouait un tennis d'avant-garde, et il voulait se trouver au cœur de l'action.

Lorsque je me suis décidé à appeler l'académie, on m'a mis en attente juste pour montrer leur indépendance. J'ai patienté une éternité. J'ai patienté encore plus longtemps que pour épouser ma femme. Je me suis finalement énervé et j'ai raccroché.

Cinq secondes plus tard, le téléphone a sonné et j'ai décroché.

« Mike ! me dit une voix à l'autre bout du fil.

– Oui, répondis-je.

– Vous avez raccroché !

– Oui, rétorquai-je. J'avais assez attendu.

Tout à coup, Bollettieri prit le téléphone.

– Salut Mike ! Nick Bollettieri à l'appareil. Écoutez, j'ai vu votre fils jouer. C'est un sacré bonhomme que vous avez là. Je l'aime bien. Je pense pouvoir l'aider.

– D'accord », dis-je.

Après avoir discuté un moment et conclu un marché honnête, j'acceptai d'envoyer Andre chez Bollettieri à l'essai pour un mois. Ainsi, au beau milieu de sa deuxième année secondaire, à l'âge de treize ans, Andre déménagea en Floride, à quatre mille huit cents kilomètres de chez nous, pour y poursuivre ses études et s'entraîner avec Nick. Il n'était cependant pas très heureux de partir. Il adorait Las Vegas ! Il avait des amis ici. Cependant, il savait, même à son âge, que s'il jouait les bonnes cartes, qu'il restait en bonne santé et qu'il continuait à bien évoluer, il pourrait un jour gagner beaucoup d'argent en jouant au tennis. Énormément d'argent. Pour un garçon comme Andre, c'était un argument.

Peu après son arrivée à Bradenton, plusieurs enfants de l'académie, dont Andre, jouèrent un tournoi contre une équipe collégiale des alentours. Andre se retrouva face à la tête de série numéro deux de l'autre équipe et la sortit en trois manches. À treize ans, cette victoire sur un joueur collégial fit plus que le motiver.

Après le tournoi, Nick m'appela.

« Ce garçon a de quoi devenir l'un des plus grands joueurs de l'histoire du tennis, me dit-il. Je pense qu'il devrait rester. »

J'y ai bien réfléchi. Je n'étais pas riche. J'étais alors hôte d'accueil au MGM Grand, et même si je gagnais très bien ma vie à mon goût, nous n'avions pas assez d'argent pour vivre et envoyer Andre chez Nick Bollettieri. Son école de tennis coûtait vingt mille dollars par an. J'étais malgré tout déterminé à payer le prix, quel qu'il soit, pour qu'Andre puisse progresser. Je savais que c'était le seul moyen pour qu'il passe chez les professionnels. J'aurais parié ma maison ou je l'aurais hypothéquée s'il l'avait fallu.

« Passez-moi mon fils, lui dis-je.

Nick remit le combiné à Andre.

— Salut papa, dit-il.

— Andre, qu'est-ce que tu en penses ? Tu veux rester ?

— Oui, dit-il. Il y a plein de super joueurs ici, et j'apprends beaucoup.

— D'accord, répondis-je. Alors reste. Repasse-moi Nick.

La question financière fut vite réglée. Nick proposa en toute générosité d'offrir une bourse complète à Andre.

Même si Andre pensait comme moi qu'il avait tout intérêt à rester chez Bollettieri, sa vie au sein de l'académie était difficile. La maison et ses amis de Las Vegas lui manquaient. Il se sentait seul. Bollettieri était dur, il parlait fort et se montrait intimidant. Andre avait l'impression d'être à l'armée. Les élèves n'avaient aucune liberté.

De manière assez prévisible, il supporta de moins en moins les règles draconiennes de l'institution. Une année, il brisa une douzaine de raquettes Prince pour extérioriser sa frustration. Il les lançait de toutes ses forces contre le grillage, les jetait dans la piscine, les fracassait sur le court. Heureusement, il était alors commandité par Prince. Ses raquettes ne lui coûtaient donc rien. Sinon je suis sûr que nous aurions eu une petite explication. Andre était intelligent (c'est même l'un des types les plus intelligents que je connaisse), mais il n'aimait pas trop l'école, bien qu'il soit parvenu à y rester. Il se fit pousser les cheveux et les teignit de toutes les couleurs de l'arc-en-ciel. Il portait du maquillage. Il se perça les oreilles. Un jour, il arriva même en jupe à un tournoi.

J'ai beau être quelqu'un d'assez conservateur, toutes ces excentricités ne me gênaient pas. Par contre, Nick voyait les choses d'un autre œil. Les airs de voyou d'Andre le rendaient fou. Un jour, après qu'Andre eut joué un tournoi en portant un short en jean, Nick décida de l'humilier devant toute l'académie, ce que je trouvai complètement déplacé. Tel que je voyais les choses, il fallait être réaliste. Je me disais que lorsqu'on est aussi bon dans un domaine, on se fiche de savoir ce que pensent les autres. La plupart des génies sont au moins un peu cinglés, et, d'après moi, Andre était un génie. Selon moi, c'était donc une bataille perdue d'avance.

Cependant, j'avais peur qu'il commence à se droguer. Par conséquent, je lui demandai s'il y avait de la drogue à l'académie. Il me répondit qu'il n'en savait rien, qu'il y en avait peut-être mais qu'il n'en avait jamais vu. Puisqu'il avait dit « peut-être », je me dis qu'il y en avait probablement. Je fis part de mes craintes à Nick, qui tenta de se servir d'Andre comme délateur. S'il voyait quelqu'un avec de la drogue, Nick voulait qu'il vienne le dénoncer. Andre refusa.

Pour être juste, je ne peux blâmer tout à fait l'académie pour les malheurs d'Andre. Il traversait également toute cette phase de l'adolescence où les jeunes grandissent et veulent se rebeller.

Peu après l'arrivée d'Andre, Nick proposa une bourse à Tami, que nous acceptâmes. Même si je n'avais pas été aussi strict avec elle, Tami était devenue une bonne joueuse. Je ne pensais pas qu'elle deviendrait une pro, mais je savais qu'elle jouait suffisamment bien pour pouvoir jouer tous frais payés au collège. C'est exactement ce qu'elle allait faire en sortant de l'académie de Bollettieri. Quoi qu'il en soit, Tami adorait la vie au sein de l'académie. C'était pour elle comme la vie au collège, si l'on ne tient pas trop compte du cadre d'organisation et des règles rigides (qu'elle savait contourner). Elle aimait rencontrer des jeunes venant de tous les horizons. Elle avait pris l'habitude de taquiner un enfant dont l'image du père se trouvait sur la monnaie de son pays d'origine. Il y avait trop de règles, bien sûr, mais ça ne l'a jamais empêchée de s'amuser.

Et comme je l'avais deviné, il y avait beaucoup d'enfants du niveau d'Andre et de Tami. Il y avait le compagnon de chambre d'Andre, Jim Courier, qui, tout comme Andre, aurait un jour l'honneur d'accéder à la première place mondiale. Il y avait David Wheaton, dont le classement allait grimper jusqu'à la douzième place mondiale en 1991, et Martin Blackman, qui passerait six ans sur le circuit, remportant neuf titres. Il y avait aussi Mark Knowles, originaire des Bahamas, qui allait connaître une grande réussite en double. Il y avait également quelques stars un peu plus âgées qu'Andre, comme Aaron Krickstein et Jimmy Arias, qui, même si aucun des deux n'est entré dans l'histoire du tennis, n'en étaient pas moins de très bons joueurs.

Grâce entre autres à cet excellent niveau de compétition, Andre se distingua rapidement. En 1984, alors qu'il n'avait que quatorze ans, il fut couronné champion des États-Unis en salle chez les moins de dix-sept ans en simple et en double. À quinze ans, il songeait déjà à passer professionnel.

Il n'y avait qu'un problème : selon moi, Bollettieri avait détruit le jeu d'Andre. Il était passé de serveur volleyeur sachant exécuter tous les coups du tennis au gamin qui se retranche sur sa ligne de fond de court. C'était le cas de tous les enfants chez Bollettieri ! Ils étaient là, pendant des heures, à cogner des balles du fond du court, sans jamais monter au filet, sans jamais varier leurs coups. Bien sûr, ils frappaient extrêmement fort, et alors ? Ils étaient tellement loin du filet que leurs adversaires avaient tout le temps de se replacer pour frapper la balle. Franchement, ils auraient eu le temps de planter une tente, de faire un petit feu de camp et de se faire griller des steaks.

J'en ai presque perdu la tête.

Même si tout le monde pensait qu'il était sage d'apprendre aux enfants à jouer du fond du court (la plupart des joueurs de l'époque adhéraient à cette théorie), j'ai fait exprès d'apprendre à Andre et à tous mes enfants à jouer service-volée. Je savais que si le tennis devait évoluer tel que je l'avais anticipé, un jeu de service-volée serait plus efficace qu'un jeu de fond de court. Je pensais simplement que les joueurs de service-volée avaient un jeu plus complet. Par ailleurs, il est plus facile de marquer le point au filet que du fond du court. Sinon, vous passez votre temps à courir pour survivre !

Je demandai donc à Nick ce qui était arrivé à la volée d'Andre. Il me répondit : « Qu'est-ce que vous voulez de plus ? Il gagne. » J'insistai auprès de Nick afin qu'il inscrive Andre à des tournois en double. Je me disais que s'il jouait en double, il serait bien obligé de monter au filet. Il serait obligé de servir fort et de volleyer. Malheureusement, Andre n'en avait pas envie et Nick ignora mes multiples requêtes.

C'était désormais *lui* le responsable. Qui étais-je donc pour parler ?

Je me sentais impuissant.

Plus le temps passait, moins je supportais que Nick puisse exercer un tel contrôle sur Andre. Un jour, j'ai pris l'avion afin de rencontrer un éventuel commanditaire. Pendant que j'étais là-bas, Andre jouait un match contre un joueur professionnel français faisant partie du top 10, en visite à l'académie. Ce joueur français avait battu tous les autres joueurs de Bollettieri, mais n'avait pas encore joué contre Andre. Au milieu du match, Andre décentra une balle et laissa s'échapper un gros mot. Nick l'entendit, s'approcha de lui et lui en fit reproche comme s'il s'était agi de son propre fils. « Tu n'as pas le droit de jurer ! » lui cria-t-il. Je suis d'accord pour dire qu'Andre s'était mal comporté, mais cela me semblait étrange que Nick aille lui en faire la remarque devant moi, alors que je n'avais rien dit.

Plus tard, après la victoire d'Andre, nous sommes retournés vers le bureau de Nick afin de nous entretenir avec les représentants des commanditaires. Chemin faisant, Andre s'est tourné vers moi et m'a demandé :

« Papa, tu as aimé mon match ?

– Tu n'as pas mal joué, lui dis-je. Tu as progressé. »

Nick s'était apparemment senti menacé par cet échange. Il avait dû avoir l'impression qu'Andre était en train de lui échapper et il se mit hors de lui. «C'est moi ton entraîneur! dit-il. Pas ton père! Si tu veux savoir quelque chose, tu me le demandes à moi!»

Andre et moi en sommes restés abasourdis.

Lorsque nous sommes arrivés dans le bureau de Nick, les commanditaires n'étaient pas encore là. J'ai donc dit à Andre d'attendre dehors. «Je veux parler à Nick d'homme à homme», lui dis-je en refermant la porte derrière lui.

«Oui? dit Nick. Qu'est-ce qui se passe?

– Je vais vous dire ce qui se passe. Vous devriez vous méfier davantage de ce que les gens disent dans votre dos, et non pas devant vous.

Nick attendit que je continue.

– Si Andre me pose une question lorsque vous avez le dos tourné et que je lui donne une réponse avec laquelle vous n'êtes pas d'accord, alors là vous avez un problème. Mais s'il me pose une question devant vous, ça veut dire qu'il vous respecte. Il sait que vous êtes son entraîneur. Il ne faisait rien dans votre dos, il voulait simplement savoir ce que je pensais.

Nick soupira.

– Vous avez raison, dit-il. Je suis désolé. J'ai eu tort.

– Ce n'est pas à moi qu'il faut le dire. Je m'en fiche. C'est au petit qu'il faut le dire.

Il refusa.

– Je ne vais pas m'excuser auprès de lui», dit-il. Il ne voulait pas perdre la face devant Andre.

De manière incompréhensible, malgré ce type d'incidents, Bollettieri est parvenu à gagner le cœur et l'âme d'Andre. Nick n'était pas bête. Il avait l'habitude des gamins comme lui. Il savait également qu'Andre était une perle rare et que sa carrière allait décoller comme une navette spatiale, et il avait bien l'intention de se trouver à ses côtés pendant toute la durée du vol. Une fois que Nick s'est rendu compte du talent d'Andre, il ne l'a plus quitté. Il l'emmenait toujours au restaurant ou au cinéma. J'ai même commencé à penser qu'il voulait qu'Andre tombe amoureux d'une de ses filles afin de le garder dans la famille. Je ne sais pas si c'est vrai. Peut-être suis-je un peu paranoïaque, mais l'idée m'a cependant traversé l'esprit.

Avec Andre, j'avais deux missions : celles d'entraîneur et de père, toutes deux aussi importantes. En plus d'apprendre le tennis à Andre, il fallait que je lui apprenne à devenir quelqu'un de bien. De son côté, Bollettieri n'avait qu'une mission : entraîner Andre. Cela lui donnait la liberté de devenir copain avec lui en dehors du court. Quel enfant ne préférerait pas s'amuser plutôt que de se faire réprimander ?

Mais au bout du compte, toutes les sorties au restaurant et au cinéma ne purent retenir Andre à Bradenton. Car il était malheureux. Il ne s'est jamais vraiment fait d'amis à l'académie, tout simplement parce que Nick ne le voulait pas. Finalement, Andre était si malheureux qu'il menaça de quitter l'académie. Afin de l'apaiser, Nick nous proposa d'envoyer Philip le rejoindre à l'académie. Phillip avait alors quitté l'Université de Las Vegas après deux ans d'études. Il avait également passé quelques années à jouer des tournois satellites et il était prêt à passer à autre chose. Il savait qu'Andre allait percer au plus haut niveau et qu'il aurait besoin de son aide. Il était content de la lui apporter. Tout comme mon frère Sam s'était occupé de moi à mon arrivée aux États-Unis, Phillip allait maintenant s'occuper d'Andre.

Vous savez, j'ai fait beaucoup de sacrifices pour Andre au cours des années, en lui apprenant à jouer et en le conduisant à des matchs, mais je dirais que, avant même que sa carrière soit finie, Phillip en a fait encore plus pendant presque dix ans, en lui tenant compagnie à Bradenton et en voyageant avec lui sur le circuit.

Ce fut également une bonne chose, car si Phillip n'était pas allé en Floride, j'aurais dû quitter mon travail et déménager là-bas moi-même. Cela aurait été un gros défi! Andre aurait eu à gagner suffisamment d'argent pour faire vivre toute la famille, ce qui lui aurait mis beaucoup de pression sur les épaules. J'ai fait tout mon possible pour éviter une telle situation.

La pression l'a malgré tout rattrapé.

CHAPITRE HUIT

Si ma carrière devait s'achever
demain, j'aurais déjà bien plus que
ce que je mérite.

Andre Agassi, après sa victoire
à Wimbledon en 1992

Voilà comment les choses se passent pour la plupart des légendes du tennis : d'abord elles deviennent excellentes, puis elles deviennent célèbres, enfin elles deviennent riches.

Dans le cas d'Andre, ce fut l'inverse.

Il a d'abord gagné de l'argent, et un bon paquet. Bien avant qu'il fasse ses preuves sur le court, et même bien avant qu'il soit en âge de voter, il a commencé à signer de gros contrats avec de grandes marques. Il y a eu Nike, Canon, une marque de montres, ces shorts en jean délavés absolument hideux, les raquettes Prince, puis Donnay.

La gloire est venue ensuite. Voici qu'est apparu un vrai gamin de la génération MTV, avec un coup droit destructeur et de longs cheveux en bataille. Il ressemblait à un planchiste doublé d'un SDF qui venait de piller une bijouterie. Dans une rangée de joueurs de tennis, Andre ressortait du lot tel un lion assis sur un tapis d'or au milieu d'un troupeau de biches. Et ce n'était pas uniquement en raison de son look et de sa garde-robe. C'était à cause de sa personnalité, de sa bonne humeur naturelle sur le court, de sa tendance à faire l'idiot pour s'amuser. Après une décennie entière à regarder Lendl et Borg se comporter comme des robots, à voir McEnroe piquer des colères, et à observer l'antagonisme émanant de la personnalité charismatique de Connors, le spectacle à la Elvis qu'offrait Andre était, pour beaucoup, aussi rafraîchissant qu'une oasis dans le désert.

Pour Andre, le tennis était un spectacle. Le but était de faire plaisir au public. Les gens payaient pour le voir et il s'assurait qu'ils en avaient pour leur argent. La victoire était secondaire. Autrement, il aurait gagné.

Voilà pourquoi l'excellence n'est venue que plus tard.

Bien plus tard.

Lorsque Andre passa professionnel en 1986, ma vie avec Betty était comme à l'accoutumée. Nous allions travailler. Nous rentrions à la maison. Nous menions nos vies. Au lieu de voyager avec Andre sur le circuit, nous avions demandé à Phillip de le chaperonner. Afin de rester au courant des résultats d'Andre, nous regardions certains matchs à la télé et lisions ses résultats dans les journaux. En gros, nous l'avions laissé partir, tout comme mes parents m'avaient laissé partir quand j'ai émigré aux États-Unis.

Son départ fut difficile pour Betty, puisque Andre était le bébé de la famille, mais pas pour moi.

Pour être honnête, je ne sais pas comment certains parents arrivent à supporter de voyager sur le circuit. Dire que c'est une corvée reviendrait à dire que le désert est un bunker de sable. C'est le moins qu'on puisse dire, surtout lorsque vous voyagez avec un enfant qui lutte encore pour réussir. Au début de sa carrière, Andre ne se déplaçait pas en jet privé ou en limousine, et il ne logeait pas dans des suites d'hôtel. Il avait plutôt l'habitude de voler en deuxième classe, d'utiliser les navettes des tournois et de louer de petites chambres d'hôtel deux étoiles, tout cela quarante semaines par année. Parce qu'à l'inverse du soccer, du football, du baseball, du basket-ball, du hockey, du rugby, des courses automobiles et même du bowling, le tennis n'a pas de saison, ce qui revient à dire qu'il n'y a pas de saison morte. Bien sûr, les joueurs ont à peu près un mois avant Noël où le calendrier est presque vide, mais rien de plus. Le reste du temps, ils sont sur la route. Vous pouvez comparer avec le calendrier de la NFL : la saison régulière commence à la fin du mois d'août et dure jusqu'au début du mois de décembre. Si une équipe parvient à se qualifier pour les séries éliminatoires, sa saison s'étend jusqu'à la fin du mois de janvier, voire le début du mois de février, au plus tard. Les joueurs jouent un match par semaine, et une rencontre sur deux se déroule chez eux, ce qui veut dire qu'ils sont bien loin de voyager autant qu'un joueur professionnel de tennis comme Andre.

Non merci, je pouvais volontiers me passer de voyager sans cesse.

Quoi qu'il en soit, je pense qu'Andre était content de cette distance entre nous. Montrez-moi un enfant de seize ans qui aime passer tout son temps avec ses parents. S'il existe, il ne doit pas être très bien dans sa tête. De toute façon, je n'avais plus rien à lui enseigner en tennis ou dans la vie qu'il ne sache déjà. Et même si cela avait été le cas, je ne pense pas qu'il m'aurait écouté.

À cette époque, beaucoup de monde s'occupait de lui. D'abord, il y avait Nick. Même si Andre avait été malheureux à l'académie, il l'avait embauché en tant qu'entraîneur, probablement parce qu'il se sentait redevable. Comme par hasard, Andre fut quasiment le seul joueur à avoir gardé Nick après être passé professionnel. Arias l'avait laissé tomber. Krickstein l'avait laissé tomber. Courier l'avait laissé tomber. Seles l'avait laissé tomber. Personne ne voulait rester ! Mais Andre est un type bien, et si vous êtes sympa avec lui, il ne peut pas se retourner contre vous. Il ne voulait pas faire de peine à Nick. Andre avait également un agent, Bill Shelton, qui était un ami de Nick, ainsi qu'un partenaire d'entraînement et un joueur dont le rôle était de lui envoyer des paniers de balles. Il y avait également Phillip, bien sûr. Ils avaient pris le nom de « Team Agassi ».

Je n'en faisais pas partie et, en toute franchise, cela ne me dérangeait pas.

Je me fichais de savoir à qui Andre demandait conseil ou qui récoltait les bravos, du moment qu'il réussissait. Pour moi, c'était comme l'histoire du roi Salomon et des deux mères. L'histoire raconte qu'une femme se réveilla au milieu de la nuit pour découvrir que son nouveau-né était mort. Malade de chagrin, elle échange son bébé mort avec celui d'une femme qui allaitait le sien, pendant son sommeil. Lorsque la femme dupée se réveille, la première nie lui avoir pris son enfant. Afin de régler la dispute, les femmes demandent audience au roi Salomon. Ce dernier propose que l'on coupe l'enfant vivant en deux et que l'on remette une moitié à chacune des deux femmes. Horrifiée, la vraie mère de l'enfant supplie le roi d'épargner son enfant, se disant prête à le céder à l'autre femme. De son côté, l'imposteur exige que l'on divise l'enfant en deux. Voilà comment le roi Salomon parvint à déterminer qui était la vraie mère. Il vit qu'« elle aimait tant son enfant qu'elle était prête à le donner à une autre femme afin qu'il puisse vivre ».

J'ai ressenti la même chose avec Andre.

Cela peut sembler dur, mais pour moi il était primordial qu'il parvienne à développer tout son potentiel. S'il fallait garder mes distances, laisser d'autres personnes s'occuper de lui et leur accorder tout le mérite, qu'il en soit ainsi.

En 1986, Andre a touché vingt-deux mille cinq cent soixante-quatorze dollars grâce à ses performances sur le circuit. Il a récolté plus que n'importe quel Américain de seize ans, bien que la plupart d'entre eux n'aient pas eu une équipe entière à faire vivre. Bien qu'il ait atteint la finale de Schenectady, dans l'État de New York, et les demi-finales de Stratton Mountain, dans le Vermont (où il s'inclina face à John McEnroe après avoir obtenu une *wild card*), et même s'il était passé de la six cent troisième à la centième place mondiale, terminant l'année au cent deuxième rang du classement ATP, son arrivée sur le circuit fut des plus discrètes.

L'année suivante fut meilleure, même s'il se fit humilier à Wimbledon en s'inclinant dès le premier tour en trois manches face à Henri Leconte. (Apparemment, Leconte l'avait dans le collimateur. En effet, le Français allait de nouveau battre mon fils à l'US Open, mais cette fois Andre parviendrait à lui prendre un set.) À vrai dire, il avait tellement peu aimé le All England Lawn Tennis & Croquet Club qu'il refusa de retourner à Wimbledon les trois années suivantes. «Je ne suis pas prêt», dit-il la première fois. «J'ai besoin de me reposer», prétexta-t-il l'année suivante. La réflexion de Martina Navratilova concernant la décision d'Andre résuma ce que beaucoup pensaient, y compris moi. Elle dit qu'un joueur de tennis faisant l'impasse sur Wimbledon pour se reposer était l'équivalent d'«un joueur de football américain qui ferait l'impasse sur le Super Bowl afin d'être en forme pour l'entraînement». Tout cela lui était égal. Il détestait le gazon, qui disparaît dès le premier tour de toute façon. Il détestait le code vestimentaire. Il détestait qu'il ait fallu attendre quarante ans pour que le All England Club finisse par utiliser des balles jaunes au lieu de balles blanches. Il n'aimait tout simplement pas jouer là-bas.

Pourtant, cette année-là, Andre atteignit les quarts de finale à Tokyo et à Los Angeles. À Stratton Mountain, après avoir sorti le vainqueur de Wimbledon, Pat Cash, au deuxième tour, il se débarrassa de tout le monde sur son passage pour rencontrer Ivan Lendl en demi-finale. Lendl le domina tellement dans le premier set, lui infligeant un cinglant 6-2, qu'on aurait pu penser qu'il allait finir la partie en lui piquant son portefeuille. Andre lutta pourtant pour remporter la deuxième manche par 7-5. En le brisant à deux reprises au cours de la troisième manche, Lendl finit par s'imposer. Malgré cette défaite, le parcours d'Andre à Stratton Mountain augmenta grandement sa confiance, et plus tard dans la saison il remporta son premier titre ATP au Brésil. À la fin de l'année 1987, saison au cours de laquelle il remporta quelque cent soixante-trois mille cinq cent onze dollars en prix, il accéda à la quarante et unième place mondiale.

Lorsque Andre est passé pro en 1986, son gérant, qui s'occupait de ses commanditaires et de son agenda, exigeait une grosse part de ses revenus, et son contrat, aussi épais qu'un annuaire téléphonique, était rempli de clauses diverses. D'après ce que j'avais compris, son gérant semblait avoir droit à un dollar chaque fois qu'Andre pensait au tennis. Fin 1987, je me suis dit que nous étions en position de force pour négocier. Comme Andre était encore mineur et qu'il était toujours sous notre responsabilité, à Betty et à moi, cela voulait dire que j'allais diriger les négociations.

«Vous aurez dix pour cent sur les contrats publicitaires et quinze pour cent sur les gains en tournois, dis-je au gérant.

Et non pas vingt et vingt-cinq pour cent. Et cela ne vaut que si vous inscrivez Andre vous-même à un tournoi. Si un directeur de tournoi appelle Andre directement et qu'il accepte d'y jouer, il ne vous devra rien. Je ne veux pas non plus entendre parler d'un salaire minimum. Je ne veux pas qu'Andre se retrouve sous pression.

– C'est impossible, dit-il.

– Alors laissez tomber.

– Vous ne trouverez personne pour faire ce travail à ce prix.

– On engagera un avocat qui s'en chargera.

– Vous allez lui empoisonner la vie, dit-il pour me prévenir.

– Très bien, répondis-je. Je vais lui empoisonner la vie, mais je ne veux pas que vous vous en chargiez. »

J'ai donc engagé un avocat et nous avons établi un contrat d'une page. Il était tellement explicite que n'importe quel élève de sixième année aurait pu le comprendre. Afin de donner une dernière chance à l'agent, je le lui ai envoyé. Je lui ai dit : « Si ça vous intéresse, signez. Sinon, ce n'est pas la peine de me rappeler. »

Il m'a répondu en m'envoyant un nouveau contrat.

– Il est exactement comme le vôtre, me dit-il.

– S'il est exactement comme le mien, signez celui que je vous ai envoyé. »

Il ne voulait pas. J'ai donc appelé Bob Kane, d'IMG, un groupe de gestionnaires qui se trouvait aussi propriétaire de l'académie de Bollettieri.

« J'ai établi un contrat pour mon fils, lui dis-je. S'il vous intéresse, signez-le. Sinon mon avocat le signera, et nous travaillerons avec lui. » À l'époque, tous les tournois réclamaient déjà la présence d'Andre. Où qu'il aille, les places se vendaient comme des petits pains. Nous allions nous en sortir.

« Laissez-moi y jeter un coup d'œil », dit-il. Cinq heures plus tard, il était à bord d'un avion. Nous sommes sortis pour dîner. Pendant tout le repas, j'ai parlé et il a écouté. Nous sommes revenus chez moi, je lui ai tendu le contrat et il l'a signé sans perdre une seconde. Il ne s'est même pas donné la peine de le lire.

« Combien pensez-vous que mon fils va gagner cette année ? lui demandai-je.

– Je ne sais pas. Cinq, six ou sept cent mille dollars ?

– Et si je vous disais qu'il gagnera entre deux et trois millions de dollars ? Qu'est-ce que vous diriez ?

– Je dirais que c'est le meilleur marché que j'ai conclu pour cette entreprise depuis bien longtemps.

Cette année-là, mon fils signa des contrats avec plusieurs marques telles que Nike, les appareils photo Canon et une entreprise de montres. Sa carrière décollait dans tous les sens. Il n'y avait plus de limites.

Il empocha plus de deux millions de dollars.

En 1988, l'année de ses dix-huit ans, Andre émergea vraiment comme vedette. Il remporta plus d'un demi-million de dollars de gains en tournois et accéda à la troisième place mondiale. En plus de décrocher six titres, soit à Memphis, Charleston, Forest Hills, Stuttgart, Stratton Mountain et Livingston, il atteignit la finale de Los Angeles, ainsi que les demi-finales d'Indian Wells et de Roland-Garros, s'inclinant respectivement face à Becker et à Wilander, et les quarts de finale d'Orlando, de Rome et de Boston.

Il était devenu une star.

En 1989, la donne fut différente. Andre parvint néanmoins à se maintenir dans le top 10. À vrai dire, il ne glissa que de quelques places pour se retrouver septième au classement, mais en ne remportant qu'un seul tournoi, à Orlando. Dès qu'il eut reculé légèrement au classement, les gens ont commencé à jaser. Ce fut surtout le cas lorsqu'il fut éliminé au troisième tour de Roland-Garros face à son ancien compagnon de chambre de chez Bollettieri, Jim Courier, qu'il avait pourtant laminé à plusieurs reprises par le passé. On a commencé à prétendre qu'après tout, Andre n'était peut-être pas un demi-dieu du tennis. Peut-être n'était-il qu'un « Wayne Newton en jean », comme le journaliste Curry Kirkpartick le décrivit sèchement dans le magazine *Sports Illustrated*. Et lorsque son « vieil » adversaire Michael Chang remporta Roland-Garros la même année, à l'âge de dix-sept ans, on peut dire qu'Andre était presque oublié.

Pour ma part, je savais qu'il avait les atouts pour gagner, mais je savais également qu'il s'en fichait. Il ne s'appliquait pas à sa tâche. Je le voyais bien. Je pense qu'il gagnait bien trop d'argent. S'il gagnait des matchs, ses contrats ne lui apportaient pas plus d'argent, alors pourquoi se donner du mal ? Quoi qu'il en soit, en 1990, il fit mieux. Il s'imposa à San Francisco, à Key Biscayne, à Washington et au Masters de Francfort, mais s'inclina en finale d'Indian Wells, de Roland-Garros et de l'US Open. Par conséquent, même s'il était remonté au classement, les gens continuèrent de jaser, tout particulièrement après sa défaite en finale de Roland-Garros face à Andres Gomez, âgé de trente ans, alors qu'Andre était largement favori. Par la suite, son moral prit un autre coup : Pete Sampras, ce serveur volleyeur qui me semblait complètement désarticulé et qui n'avait jamais fait le poids contre Andre chez les juniors, écrasa mon fils en trois sets en finale de l'US Open, remportant ainsi son premier titre à Flushing Meadows.

Voilà la preuve que Nick n'aurait jamais dû transformer le jeu de service-volée d'Andre en jeu de fond de court. Andre n'aurait peut-être pas gagné ce match en service-volée, mais il lui aurait au moins pris un set.

De nouveau, en 1991, Andre atteignit la finale de Roland-Garros, mais il dut encaisser encore une amère défaite. Cette fois, son tombeur était Jim Courier. Tout comme l'année précédente, Andre était parti favori, et tout comme l'année précédente, il manqua sa chance.

Chang, Sampras et Courier. Andre avait dominé ces trois joueurs chez les juniors, et pourtant ces trois mêmes joueurs l'avaient devancé en remportant un tournoi du Grand Chelem.

Cette même année, Andre décida enfin de retourner à Wimbledon, où il s'inclina en quart de finale face à David Wheaton. Les gens ont jasé deux fois plus qu'avant. Cela faisait cinq ans qu'il était sur le circuit et il n'avait toujours pas remporté le moindre titre du Grand Chelem ! Lorsque Aaron Krickstein se débarrassa de lui dès le premier tour de l'US Open, les choses ne firent qu'empirer.

Après sa défaite face à Krickstein, je suis tombé sur Nick dans le stade.

« Alors ? dit-il. Qu'est-ce que vous en pensez ?

– Je vais vous dire, si cela ne tenait qu'à moi, je le mettrais à l'entraînement à deux contre un. S'il arrivait à marquer des points contre deux joueurs, il pourrait marquer des points contre n'importe qui. Deuxièmement, je demanderais à Rod Laver d'être son deuxième entraîneur.

Nick bomba le torse.

– Il n'a pas besoin d'entraîneur ! C'est moi son entraîneur ! D'ailleurs, le style de Laver est complètement dépassé. »

Il disait n'importe quoi. Après tout, Laver avait entraîné Sampras pendant un moment. Une chose était sûre : Laver en savait bien plus sur le tennis que Bollettieri.

« Vous m'avez demandé mon avis, je vous le donne », lui dis-je.

Andre commença à douter de lui-même. « Mon côté pessimiste se demande si je parviendrai un jour à remporter un titre du Grand Chelem », déclara-t-il aux journalistes après sa défaite en finale de Roland-Garros. La panique se lisait sur son visage. Sa confiance était en chute libre. Il commençait à se poser des questions sur lui-même. Ses coups devenaient hésitants.

Certains attribuaient ses échecs à sa condition physique et à sa préparation, ou plus précisément aux deux. Je dois bien admettre qu'Andre n'était pas réputé pour sa saine alimentation. Nous parlons là d'un gamin qui mangeait tous les soirs chez McDonald's pendant Roland-Garros, en 1988. Avant qu'il fasse l'acquisition de son propre avion, il appelait les compagnies aériennes à l'avance pour leur commander des cheeseburgers à manger en vol. Il soutenait que les cheeseburgers, avec toutes leurs garnitures, contenaient les quatre groupes alimentaires de base, et que par conséquent, malgré le gras, le cholestérol, les calories et tout ce qui s'ensuit, il mangeait « sainement ». S'il ne trouvait rien qu'il aimait lors d'un tournoi, il mangeait des friandises : des sacs entiers de chocolats Reese et des Snickers.

Je serais même prêt à reconnaître qu'il n'était peut-être pas en grande forme physique à cette époque. Il avait beau avoir engagé un préparateur physique, Gil Reyes, ancien entraîneur de musculation à l'Université de Las Vegas en 1989, il ne suivait pas ses conseils comme il le fait aujourd'hui. Au cours des années, Andre a fait de plus en plus confiance à Gil. Ce dernier est même devenu un ami, tout simplement. Voilà pourquoi il l'a non seulement gardé comme préparateur physique, mais il a également donné son nom à son premier enfant : Jaden Gil Agassi.

Sa préparation était un tout autre problème. Pour la plupart des joueurs, la préparation débute plusieurs semaines avant un tournoi. En ce qui concerne Andre, c'était différent. Imaginons que nous sommes samedi et que le premier match de son tournoi soit le mardi. Cela voulait dire qu'il allait s'entraîner une demi-heure le dimanche, une heure le lundi et un quart d'heure le mardi avant d'aller jouer son match. Il pouvait s'entraîner plus longtemps, mais à quoi bon ? Il a frappé tellement de millions de balles qu'il n'a pas besoin de s'entraîner davantage.

Néanmoins, Andre a commencé à écouter ce qui se disait autour de lui. Il commença un régime sans matières grasses. Il se mit à s'entraîner démesurément pendant des heures sur le court. Rien n'y faisait. Ces séances d'entraînement à répétition le fatiguaient plus que tout au moment d'attaquer un match, et il commençait à avoir des crampes à cause de son régime. En 1991 et 1992, désespéré, il expérimenta de nouveaux cordages, de nouveaux gestes au service et un nouveau jeu de jambes, mais il abandonna vite tout ça pour revenir à ce qu'il faisait avant.

En mai 1992, il fut exclu du top 10 pour la première fois depuis 1988. « Mon classement mérite d'être là où il est, déclara-t-il à *Sports Illustrated*. Et ce n'est peut-être qu'un début. »

En 1992, à l'approche de Wimbledon, je ne m'attendais à rien de sa part. Il continuait de chuter au classement. À l'ouverture des Internationaux de Grande-Bretagne, il pointait à la dix-septième place mondiale. Je l'ai tout de même regardé. Lors du premier tour, il a concédé la première manche à Andrei Chesnokov avant de revenir dans la partie et de s'imposer en quatre. Idem lors de son match de deuxième tour face à Eduardo Masso. Je l'ai regardé battre Derrick Rostagno et Christian Saceanu en trois sets chacun lors des deux tours suivants. Je l'ai regardé sortir Boris Becker en cinq manches lors des quarts de finale, puis démolir en trois manches un John McEnroe vieillissant, mais toujours aussi agréable à voir jouer.

Le jour de la finale contre Goran Ivanisevic, Betty et moi avons regardé notre fils sceller son destin. Même si à trois reprises notre Andre avait souffert d'avoir raté l'occasion de remporter un titre du Grand Chelem, au cours d'une carrière si houleuse qu'il aurait pu faire de la publicité pour des comprimés contre le mal de mer, il parvint à tenir tête à Ivanisevic alors que ce dernier décochait ace après ace, soit trente-sept au total. Il a continué de se battre après avoir concédé la première manche au jeu décisif, après avoir brisé son service à deux reprises pour remporter les deuxième et troisième manches, puis, après avoir perdu la quatrième, il a tenu dans la cinquième en remportant son service après avoir sauvé une balle de bris.

Lors du dernier jeu, c'est Goran, et non Andre, qui s'effondra. Le Croate amorça son jeu de service avec deux doubles fautes avant de rejoindre Andre à 30 partout. Après une volée flottante à mi-court, Andre frappa un passing-shot de coup droit pour s'offrir une balle de match.

Je me redressai dans ma chaise. «Allez!, me disais-je à moi-même plus qu'à Betty. Allez!»

Ivanisevic lança sa balle en l'air et la frappa. Son service termina sa course dans le filet. Deuxième balle.

J'expirai, j'inspirai, puis j'expirai de nouveau. Goran fit rebondir la balle plusieurs fois et la lança de nouveau en l'air.

Retour de revers d'Andre.

La volée de revers de Goran meurt dans le filet.

Ça y est! Il a réussi! Alors qu'il tombait sur le gazon du court central en pleurant, Betty et moi sautâmes de nos chaises en criant.

«Il a gagné! s'exclama-t-elle.

– Il a réussi», criai-je.

Nous avions réussi.

À l'automne 1992, après Wimbledon, Andre me demanda de m'asseoir pour me parler. Il avait vingt-deux ans.

«Papa, me dit-il. J'ai besoin de faire une pause.

– D'accord, lui dis-je.

– C'est simplement que je n'ai jamais eu d'enfance. Je n'ai jamais eu de copine. Je n'ai jamais connu de bal de fin d'études. J'ai l'impression d'être passé à côté de tellement de choses. »

Je n'étais pas d'accord au sujet de sa vie sentimentale. J'avais déjà vu passer une ou deux filles. Pour le reste, il avait raison. Il était passé à côté de beaucoup de choses. J'avais toujours été sévère avec lui. Dès le début, j'ai su qu'Andre pouvait devenir l'un des meilleurs joueurs de tous les temps. Je savais également que s'il se blessait en cours de route, il pouvait compromettre le reste de sa carrière. Cela signifiait que lorsque ses amis partaient skier, faire de la planche à roulettes, de l'escalade ou une autre activité à risque, Andre restait à la maison. Je lui avais fait entrer cette idée dans la tête, surtout après que sa mère l'eut emmené faire du patin à glace lorsqu'il avait dix ans. Andre avait fini la journée à l'hôpital. Il était tombé et quelqu'un lui était passé sur les doigts.

« Je voudrais passer du temps à me reposer et à m'amuser. Ensuite, je serai prêt à revenir et à travailler.

– Prends ton temps, lui dis-je. Quand tu voudras devenir numéro un mondial, tu deviendras numéro un mondial.

Il hocha la tête en signe d'approbation.

– Mais laisse-moi te donner un petit aperçu de ce qui t'attend, lui dis-je. Aujourd'hui, tout le monde joue à ce niveau. Je positionnai ma main au niveau de mes yeux pour lui indiquer la hauteur. Puis j'élevai la main au-dessus de la tête en lui disant :

– Dans deux ans, tout le monde jouera à ce niveau. Ce ne sera plus aussi facile de gagner les tournois.

– Tu as raison, dit-il.

– Si tu veux attendre, il n'y a pas de problème. Mais quand tu reviendras, il te sera bien plus difficile de gagner, car les joueurs d'aujourd'hui sont bien meilleurs que les joueurs d'hier, et ils progressent toujours. »

Je ne fus donc pas si surpris de voir Andre chuter quelque peu au classement en 1993. Il continua à jouer et remporta même quelques tournois, mais sans vraiment faire d'efforts. Il traînait avec ses amis, bricolait ses voitures. Il acheta un avion. Comme d'habitude, il fit l'impasse sur l'Open d'Australie, prétextant une bronchite, puis il sauta Roland-Garros à cause d'une tendinite au poignet. Il dégringola au classement pour se retrouver à la trente et unième place mondiale avant de revenir parmi les vingt premiers.

De son côté, Bollettieri était en colère.

Il était en colère de voir qu'Andre n'avait pas particuliè-rement envie de s'entraîner. Il n'était pas content de voir son double menton et son ventre ressortir. Ce n'était que le résultat de plusieurs mois d'inactivité, même si Gil Reyes disait que c'était la conséquence des piqûres de cortisone qu'Andre avait reçues pour soigner sa tendinite.

Il était également ulcéré qu'Andre soit allé chercher conseil auprès d'autres illustres joueurs tels que John McEnroe et Pancho Segura. Nick se sentait menacé. Il savait que si Andre échappait à son contrôle, son rôle d'entraîneur pourrait prendre fin à n'importe quel moment, ce qui pourrait mettre à mal sa réputation, sans parler de celle de son académie. En fait, chaque année, Bollettieri récoltait les fruits du succès de mon fils. Les inscriptions à l'académie de Bradenton se multipliaient, en partie grâce à la publicité que lui faisait Andre à chacune de ses victoires. Bien évidemment, la bannière qu'il avait installée dans son gymnase et qui proclamait « Andre Agassi, vainqueur de Wimbledon 1992 » était plutôt vendeuse.

Mais plus que tout, Nick était en colère parce que, de manière inexplicable, comme il l'avait indiqué dans son livre *My Aces My Faults,* « (il) avait été plus que généreux envers Andre, mais cette générosité n'avait pas vraiment été réciproque ». Pour être plus précis, Nick avait fait le calcul : son académie et lui-même avaient investi un million de dollars dans la carrière d'Andre, que ce soit en entraînement, en loyers, en repas, en voyages, en partenaires d'entraînement et autres. En retour cependant, l'académie et lui avaient reçu moins de quatre cent mille dollars, même s'il était d'accord pour dire que son association avec Andre lui avait apporté une publicité « non négligeable ».

Qui sait à combien s'élevait la facture ? Je n'ai jamais étudié la comptabilité. Je sais pourtant qu'Andre a énormément apporté à Nick, peut-être même plus qu'il le méritait. Avant même qu'il commence à gagner de l'argent sérieusement, Andre lui a acheté une Corvette. Au début de sa carrière, Nick lui a demandé de tourner une publicité pour son académie. Andre était censé toucher une commission, mais il n'en a jamais vu la couleur. Par ailleurs, cette publicité « non négligeable » dont parlait Nick lui a probablement rapporté des sommes astronomiques. Sans Andre, je parierais que son académie aurait fermé il y a déjà longtemps. Mais en grande partie grâce à mon fils, les enfants viennent encore des quatre coins du monde pour s'entraîner chez Bollettieri. Par ailleurs, Nick n'a jamais figuré sur nos fiches de paye. Il se trouvait sur celles d'IMG (International Management Group). Lorsque ces derniers ont racheté l'académie, en 1984, Nick est devenu leur employé, ce n'était pas le nôtre.

Quoi qu'il en soit, après avoir entraîné Andre pendant dix ans, Nick démissionna subitement, peu après Wimbledon 1993. Et au lieu d'informer Andre de sa décision en personne, il lui envoya une lettre après avoir divulgué l'information à un journaliste.

Andre en fut profondément bouleversé.

Ce n'est pas qu'il voulait que Nick continue à l'entraîner. Bien au contraire. Andre et moi avions même parlé de nous séparer de Nick et de trouver quelqu'un d'autre. Mais Andre était loyal et ne voulait pas poignarder Nick dans le dos. Par conséquent, même s'il n'était pas ravi de la manière dont les choses se passaient avec Nick, cela lui a tout de même fait mal lorsque ce dernier a mis fin à leur relation. C'était comme un mauvais mariage : ce n'est pas parce que vous êtes malheureux avec votre femme que cela ne vous fait pas mal le jour où elle vous annonce qu'elle vous quitte.

La relation entre Nick et Andre se termina mal. Après le départ de Nick, Andre déclara à la presse que ce dernier avait été « insignifiant » dans sa carrière, même si je pense qu'il regretta ce commentaire par la suite. Plusieurs mois plus tard, Andre tenta de faire un pas vers Nick pour enterrer la hache de guerre, mais Nick était décidé à obtenir une indemnité. Tout d'abord, il apostropha le gérant d'Andre, Perry Rogers, dans un couloir, puis il envoya une lettre directement à Andre pour lui faire part de son point de vue. Pour faire court, Nick voulait bien continuer à travailler avec Andre, mais pour une somme bien précise. Plutôt bizarre, pour un homme qui avait si souvent prétendu que l'argent n'avait pas d'importance à ses yeux! Nick disait qu'il avait abandonné sa famille pour Andre. Sa cinquième femme lui avait donné un ultimatum : «C'est Andre ou nous»; il avait choisi Andre. Par la suite, Nick avait abandonné Andre pour l'argent, du moins c'est ainsi qu'Andre l'avait perçu. Voilà ce que mon fils déclara au magazine *Tennis* : «Bollettieri n'a aucun respect, aucune intégrité, aucune classe, et pour être tout à fait honnête, si tout le monde sur la planète était comme lui, la Terre serait un endroit horrible.»

Je ne souhaiterais jamais à mon fils d'être malheureux, mais je ne peux pas dire que j'ai été vraiment triste de voir Nick partir. Il s'est bâti un empire sur le dos de mon fils en le détruisant presque au passage. Blessé par le départ de Nick, Andre tomba dans une phase de dépression. Il fut éliminé dès le premier tour de l'US Open et ne rejoua pas jusqu'à la fin de l'année. Au mois de décembre, il subit une opération pour une tendinite au poignet droit, ce poignet qui effectuait la gifle que je lui avais enseignée afin d'accélérer la balle en coup droit. Seul et à la dérive, son classement sombra et il gagna plusieurs kilos. Il termina l'année à la vingt-quatrième place mondiale, avec sept kilos en trop sur la balance.

De mon point de vue, les choses n'allaient qu'empirer.

CHAPITRE NEUF

> Nous sommes tellement en
> harmonie, c'est incroyable.
>
> Brooke Shields

Les femmes se sont jetées au cou d'Andre dès l'instant où il a rejoint le circuit professionnel. Nick déclara un jour que même les vieilles dames de Wimbledon avaient le béguin pour lui. Pourtant, à vingt-quatre ans, et malgré bien des occasions, Andre ne s'était intéressé qu'à trois femmes jusque-là : Amy Moss, membre de l'équipe d'accueil au tournoi de Memphis ; Wendy Stewart, une de nos voisines de la rue Tara à Las Vegas, qui pendant un temps voyagea sur le circuit avec Andre ; et Barbra Streisand, qui… enfin, inutile de vous la présenter. Je tiens à préciser au passage qu'à ma connaissance, Barbra et Andre n'ont été que de bons amis.

Puis il rencontra Brooke Shields.

À vingt-neuf ans, Brooke avait un passé bien particulier. Ses parents avaient divorcé peu après sa naissance, et sa mère Teri, un ancien mannequin, avait obtenu la garde de sa fille. Lorsqu'elle prit conscience du charme de la petite, Teri la plaça sous les projecteurs avant même qu'elle sache marcher. Tous ses efforts portèrent rapidement leurs fruits. À deux ans, Brooke devenait la petite fille des savons Ivory.

Je sais que je suis mal placé pour parler, ayant entraîné Andre à suivre une balle de tennis du regard dès le jour où nous l'avons sorti de l'hôpital, mais le fanatisme qui incitait Teri à pousser sa fille vers une brillante carrière parvenait à m'énerver, moi! Déterminée à voir sa fille réussir, Teri lui choisissait des rôles qui lui garantissaient une bonne publicité. À douze ans, Brooke joua le rôle de la prostituée dans *Pretty Baby*. À quinze ans, elle tourna une publicité pour Calvin Klein dans laquelle elle jouait le rôle d'une petite allumeuse aux yeux de biche. Alors qu'elle ne portait qu'un jean et rien d'autre, elle répondait à voix haute à la question que tout le monde se posait tout bas : «Il n'y a rien entre mon jean Calvin Klein et moi.» Et bien sûr, il y eut *Le lagon bleu*, où la jeune Brooke apparaissait le plus souvent sans porter de haut. Malgré tout, Brooke et sa mère se donnèrent beaucoup de mal pour que le public comprenne qu'elle était encore vierge (alors que personne n'avait posé la question). Cela ne va pas sans nous rappeler les commentaires de la belle joueuse russe Anna Kournikova, quelques années plus tard.

Même si Brooke continuait de se faire traquer par les paparazzis, sa carrière connut un creux entre 1985 et 1995. Pendant cette période, les offres qu'on lui faisait se limitaient principalement à des rôles dans des feuilletons télévisés à l'eau de rose et à des apparitions dans des émissions au Japon, où elle faisait figure d'invitée dans certains jeux télévisés. Par ailleurs, elle s'était liée avec tout un petit groupe d'hommes étranges, comme George Michael, Liam Neeson, Michael Bolton, Dean Cain, John Kennedy Junior, Dodi Al-Fayed, le prince du Japon et, bien sûr, Michael Jackson. (Brooke insistait pour dire que sa relation avec Jacko était purement platonique.)

Quoi qu'il en soit, elle n'était pas aussi exubérante que bon nombre de stars hollywoodiennes. Elle était douce de nature,

Andre, à la First Good Shepherd School, Las Vegas, 1976.

Andre Agassi.

Andre à une pratique de soccer, Las Vegas, 1978.

Andre (deuxième à partir de la droite) et Ty Tucker, Junior Doubles Tournament.

Andre sur le court, derrière la maison de la rue Tara.

Pancho Gonzalez, Rita Agassi Gonzalez et Phillip Agassi,
au Carnation Tournament, Hawaii, 1985.

Andre, au camp
de Nick Bollettieri,
1985.

À Indianapolis, 1987.

Au Hamlet Tournament, 1988.

Au Stratton Mountain Tournament, 1989.

Pancho Gonzalez
et son fils Skylar,
1991.

Pancho Gonzalez et
Skylar, Las Vegas,
1992.

Andre prend des nouvelles de la maison.

Père et fils. Mike en compagnie d'Andre et Phillip, 1992.

Mike Agassi, qui pratique sur le court, chez lui, 1994.

Mike et Betty en compagnie de leur champion du US Open, 1994.

Andre avec ses sœurs Rita et Tami, ainsi que son frère Phillip, 1994.

Mike et Betty assistent au US Open, 1995.

Au mariage de Phillip, San Diego, 1995. De gauche à droite : Tami, Andre, Mike, Marti, Phillip, Rita, Betty et Skylar.

Mike, Marti, Phillip et Betty, 1995.

Brooke Shields, Mike, Betty et Andre au mariage de Phillip, 1995.

Andre fait le clown avec Skylar, en compagnie de papa et maman, 1995.

Andre et Brooke (et Mike, à l'arrière-plan), Idaho, Noël, 1997.

Un jour comme les autres au boulot. Mike et les membres de KISS,
au MGM, 1999.

Mike en compagnie du boxeur Roy Jones Jr au MGM Grand, Las Vegas, 2000.

Martina Navratilova, Tami Agassi et Mike à une soirée bénéfice au profit de la recherche sur le cancer, Seattle, 2001.

Andre, Mike et Jim Courier à une soirée bénéfice pour la recherche sur le cancer, Seattle, 2001.

À l'arrière : Mona et Jack Ratelle (les beaux-parents de Phillip), Heidi Graf et Jaden.
À l'avant : Marti, Carter, Phillip, Mike, Betty, Steffi et Andre, 2001.

Mike et son petit-fils Jaden, 2003.

Jaden et Jaz Agassi, Noël 2003.

Mike Agassi.

bien élevée, réservée, sensible et intelligente. À l'époque où elle avait fait une pause dans sa carrière d'actrice, elle avait suivi des cours à Princeton. Et malgré les critiques dévastatrices dont elle avait fait l'objet à plusieurs reprises au cours de sa carrière, elle prenait toujours son travail très au sérieux. Voilà des qualités qu'Andre pouvait apprécier.

Une amie commune, Lyndie Benson, la femme du saxophoniste de Kenny G., les avait présentés l'un à l'autre, et sous un certain angle Andre et Brooke allaient bien ensemble. Brooke avait même de la famille dans le tennis. Parfois, il est de mise de dire que le monde est petit. Le grand-père de Brooke, Frank Shields, avait remporté la Coupe Davis avec l'équipe américaine en 1933. Il était également un ami de Pancho Gonzalez. Les deux hommes avaient parfois joué en double ensemble.

Andre et Brooke sont tous deux très tournés vers la spiritualité. Ils étaient tous les deux des « enfants prodiges ». Leurs parents les ont tous les deux motivés sans leur poser de limites. Dans le cas de Brooke, ce fut sa mère, dans le cas d'Andre, ce fut moi. Ils avaient tous les deux mené une carrière au plus haut niveau et tous les deux avaient connu des échecs. Cependant, leurs grandes carrières les empêchaient de se voir autant qu'ils le souhaitaient. Andre était esclave du circuit et Brooke avait ses films à tourner. Ils se sont courtisés pendant des mois en s'envoyant des télécopies avant de sortir ensemble de manière officielle à partir de décembre 1993.

Aussi gentille que Brooke ait pu paraître, j'avais de sérieux doutes sur cette relation depuis le début. Bien sûr, la frénésie des médias autour de leur union m'inquiétait. Lorsque leur relation est devenue publique, même Andre, qui était pourtant habitué à la presse, fut abasourdi de voir la cohue de journalistes qui épiait les moindres faits et gestes de Brooke. Chaque fois qu'elle se trouvait dans les tribunes lors de tournois, les caméras s'attardaient autant sur elle que sur lui. Ce n'est pas qu'il n'aimait pas partager la vedette, même si je pense qu'il n'en n'était pas ravi, mais toute cette situation était une source de distraction.

Même si Andre avait décidé au préalable de se reposer en 1993, ce fut une année assez pitoyable. Bollettieri l'avait quitté. Par la suite, il enchaîna les contre-performances. Il chuta à la vingt-quatrième place mondiale et termina l'année sur le dos, avec plusieurs kilos en trop, après une opération au poignet. S'il avait l'intention d'effectuer un retour après s'être reposé, comme nous en avions parlé, il n'avait certainement pas besoin d'être distrait.

D'ailleurs, toutes ces stars d'Hollywood ne m'impression-naient pas vraiment. La valse de toutes ces liaisons ne m'inspirait pas confiance. Il semble tout simplement que la plupart d'entre eux ne croient pas en l'amour avec un grand A. Ils ne semblent pas vouloir d'une vie saine, ni d'un seul et unique mariage. Il vous suffit de lire leurs histoires : Zsa Zsa Gabor, mariée huit fois ; Elizabeth Taylor, mariée huit fois ; Frank Sinatra, marié quatre fois. Ils ne disent pas « oui, je le veux » jusqu'à ce que la mort les sépare, ils disent « oui, je le veux » jusqu'à leur prochaine conquête.

À vrai dire, j'étais tellement inquiet que lorsque Andre a invité Brooke à la maison pour que nous la rencontrions, je me suis exclamé : « J'espère que vous n'avez pas l'intention de vous marier ! » Je savais que leur relation ne marcherait pas et qu'elle ne durerait pas.

En y repensant, je n'ai probablement pas contribué à me rapprocher de mon fils en faisant ce commentaire.

En 1994, Andre m'a prouvé que j'avais eu tort (en matière de tennis). Après avoir passé cinq mois loin du circuit à réfléchir à ce qu'il voulait faire de sa vie, il revint en flèche. Au mois de février, il remporta le tournoi de Scottsdale. En mars, il atteignit la finale du tournoi de Key Biscayne après avoir sorti tour à tour Boris Becker, Cédric Pioline, Stefan Edberg et Patrick Rafter, avant de s'incliner devant Pete Sampras. Andre démontra de nouveau sa classe lorsqu'au matin de la finale Sampras se réveilla avec la nausée. Au lieu d'accepter la victoire par forfait, il consentit à retarder le match pour laisser Sampras consulter un médecin. Cette année-là, Andre continua de gagner. Après avoir atteint les huitièmes de finale de Wimbledon, il remporta son premier US Open, le deuxième titre du Grand Chelem de sa carrière, en défaisant Michael Stich en trois manches ; il devenait alors le premier joueur non classé comme tête de série à s'imposer depuis 1966. C'était absolument extraordinaire. Il était concentré, déterminé, et ses frappes étaient violentes. Il jouait intelligemment, avec assurance. Tous ses efforts avaient fini par payer. Alors qu'il servait pour le gain de la rencontre dans la troisième manche, Betty et moi étions particulièrement fiers.

À la fin de l'année, Andre avait battu tous les joueurs du top 10 et termina à la deuxième place mondiale. Comme si ce n'était pas suffisant, il remporta l'Open d'Australie en début d'année 1995, en s'imposant face à Pete Sampras en finale. Ce match fut chargé d'émotion. Quelques jours auparavant, l'entraîneur de Sampras, Tim Gullikson, avait eu une attaque cérébrale. Par la suite, les médecins lui diagnostiquèrent un cancer du cerveau. Il mourut tragiquement en mai 1996 à quarante-quatre ans. Au moment d'amorcer le match, Sampras était désemparé. Pourtant, il parvint à sortir l'artillerie lourde dès la première manche pour l'emporter par 6-4. Par la suite, Andre garda son calme et revint peu à peu dans le match pour s'imposer en quatre manches et remporter le titre.

Ce titre à l'Open d'Australie allait être le premier d'une série pour Andre. Il allait également triompher en 2000, 2001 et 2003. Il n'avait jamais voulu participer à ce tournoi, car il était « trop loin de chez lui ». C'était pourtant l'un des quatre tournois du Grand Chelem. Pour dire la vérité, sa simple présence à l'Open d'Australie m'avait indiqué qu'il s'était remis sérieusement au tennis. Il n'avait plus qu'à savourer chacune de ses victoires.

En avril 1995, il accéda à la place de numéro un mondial pour la première fois de sa carrière. Lors de cette saison, il resta invaincu vingt-six matchs d'affilée. Mieux encore, en partie grâce à l'influence de Brooke Shields, il effectua un changement radical dans ses habitudes alimentaires et dans son rythme d'entraînement. En passant deux heures et demie par jour au gymnase (il pouvait presque soulever cent quarante kilos au développé-couché), et après avoir mis de côté les Taco Bells et autres Big Gulps, Andre perdit les kilos qu'il avait gagnés à l'automne 1993, et plus encore.

Le plus sidérant fut peut-être de le voir se raser le crâne. En un coup de tondeuse, cette tignasse si bien soignée, qui symbolisait toute son extravagance, avait disparu. De toute manière, il avait commencé à perdre ses cheveux. Il avait donc décidé de prendre son courage à deux mains et de faire le pas.

En ce qui concerne Brooke, les choses allaient également pour le mieux. Avec l'aide d'Andre, elle renvoya sa mère qui lui servait de gérante et signa un contrat avec Perry Rogers, qui était non seulement le gérant d'Andre, mais également son ami d'enfance. Elle en fut vite récompensée. À l'automne 1994, elle rejoignit une troupe de théâtre de Broadway pour interpréter un rôle dans la comédie musicale *Grease*. Pendant cette période,

Andre passa plus de temps en coulisses que sur le court. En 1995, Brooke fit une apparition dans la série à succès *Friends*, où elle démontra ses talents de comédienne. Par la suite, elle fut amenée à créer sa propre série sur NBC, *Suddenly Susan*, en 1996. Diffusée entre les séries *Seinfeld* et *Urgence*, *Suddenly Susan* ne pouvait que réussir.

Même si Andre affirmait que Brooke lui avait donné un tout nouveau regard sur la vie (« Elle a transformé ma vie », déclarat-il au magazine *People*), c'est Brad Gilbert qui reçut tous les éloges pour le retour d'Andre au plus haut niveau. En 1994, Andre avait retenu les services de Brad, lui-même ancien joueur professionnel.

Pour être honnête, je n'ai jamais vraiment compris ce qu'un entraîneur pouvait apporter à un joueur du top 10. Le rôle principal d'un entraîneur est de déceler les faiblesses d'un joueur et de travailler à les corriger, mais que peut-on enseigner à un joueur qui connaît déjà tout du jeu? D'ailleurs, Rod Laver n'a jamais eu d'entraîneur. Pancho Gonzalez n'a jamais eu d'entraîneur. Arthur Ashe n'a jamais eu d'entraîneur. Roger Federer a lâché le sien à la fin de 2003, ce qui ne l'a pas empêché d'accéder à la première place mondiale au début de 2004. Bien sûr, un entraîneur va observer les futurs adversaires de son joueur, mais ce dernier ne peut-il le faire lui-même? Et en fin de compte, peut-on vraiment faire entièrement confiance à un entraîneur? Un entraîneur n'est pas un membre de votre famille. Il est là pour gagner sa vie.

D'accord, je veux bien admettre qu'Andre a eu raison d'engager Brad. Je vous jure que ce type a une mémoire visuelle extraordinaire. Vous pouvez lui demander de vous parler d'un match datant d'il y a sept ans, et il vous racontera chaque point en détail. Lorsqu'on parle d'aller observer les autres joueurs, Brad est l'homme de la situation. Il a fait du très bon travail pour préparer Andre à ses adversaires.

De plus, la grande faiblesse d'Andre, son attitude mentale, était le point fort de Brad. Ce dernier a même écrit un livre intitulé *Winning Ugly* (Gagner en jouant mal) qui enseigne aux lecteurs comment prendre le dessus sur son adversaire d'un point de vue psychologique. Ce dessus psychologique si important avait permis à Brad de s'imposer à quatre reprises en huit affrontements face à Andre. Comme il le dit lui-même : «Brad a passé la plus grande partie de sa carrière à gagner des matchs qu'il aurait dû perdre. J'ai fait l'inverse : j'ai perdu un bon nombre de matchs que j'aurais dû gagner.»

Heureusement, Brad n'a pas eu peur de montrer à Andre quels étaient ses points faibles. Comme Brad avait déjà joué contre une bonne partie de ses adversaires, il était aux yeux d'Andre plus crédible que Bollettieri ou moi. Qui plus est, ils étaient amis. Ils s'appréciaient beaucoup. Que demander de plus à quelqu'un avec qui on va passer ses journées? Andre avait cependant dit à l'époque qu'il aurait aimé que Brad parle moins. Mais il l'avait dit en souriant.

Pourtant, j'ai été déçu, car j'avais espéré que Brad serait plus ouvert à mes suggestions que Nick. Prenez le cordage d'Andre, par exemple : j'ai toujours pensé qu'il n'utilisait pas le bon cordage. Il utilise un cordage en Kevlar. Les raquettes sont dures comme des planches! Il est le seul à jouer avec ce cordage. J'ai donc suggéré à Brad de changer le cordage d'Andre, et peut-être d'utiliser un manche de raquette plus long afin de donner plus d'amplitude à son service et à ses coups de fond de court. Pas moyen. Peut-être que Brad avait peur que s'il m'écoutait et que mes conseils marchaient, Andre décide de le remplacer par quelqu'un d'autre.

Un autre jour, j'ai de nouveau parlé à Brad.

«Je vais te dire quelque chose que tu ignores peut-être, lui dis-je.

– Ah…, me répondit-il.

– Qu'ont en commun tous les plus gros serveurs? J'en nommai dix.

– Ils sont tous grands? dit Brad.

– Oui, ils sont tous grands, et quoi d'autre?

– Et… ils sont tous forts?

– Oui, ils sont tous grands et forts, et ils mangent tous! Mais qu'ont-ils en commun? Pourquoi est-ce que Sampras sert tellement fort?

– Dites-moi donc, dit-il.

– Ils jouent tous avec un tamis moyen, lui répondis-je. Ces raquettes fendent mieux l'air que les grands tamis! C'est de la physique de base! Même un aveugle pourrait s'en apercevoir. Par ailleurs, si tu lui donnes un manche plus long, il gagnera en puissance.

Brad voyait où je voulais en venir.

– Pas question, me dit-il. Andre ne peut pas passer d'un grand tamis à un moyen. Ce n'est pas le moment. Il servira peut-être plus vite, mais il perdra sa touche dans tous les autres aspects du jeu.»

Andre était d'accord, bien sûr. Qu'est-ce que j'en savais? J'ai tout de même essayé.

«Andre, lui dis-je. Tu es un pro. Ça ne te prendra qu'un mois à t'habituer à une nouvelle raquette. Sans quoi tu n'amélioreras jamais ton service.»

Il ne voulut pas m'écouter.

À l'automne 1994, peu après la première victoire d'Andre à l'US Open, Pancho Gonzalez apprit qu'il avait un cancer de l'estomac. Le cancer se propagea rapidement au niveau de l'œsophage, du menton et du cerveau. Je ne peux pas dire que j'ai été surpris. Son père était décédé d'un cancer de l'estomac vingt ans auparavant et Pancho ne s'était pas montré vigilant pour autant.

Au fil des années, j'ai changé d'attitude envers lui. Je me suis quelque peu adouci. Il faut beaucoup d'énergie pour en vouloir éternellement à quelqu'un. De plus, Pancho avait changé. Il n'était plus aussi ombrageux et grossier qu'avant. La maladie, et la faiblesse qu'elle avait engendrée, l'avaient rendu bien plus humble. Ce fut terrible et difficile à vivre.

Au moment d'apprendre qu'il était atteint d'un cancer, il y avait à peu près cinq ans que Pancho et Rita avaient divorcé. Ils avaient fait de leur mieux pour que leur mariage fonctionne, mais Rita s'est vite rendu compte pourquoi Pancho avait divorcé cinq fois avant de l'épouser. Je pense qu'il avait parfaitement formulé les choses lorsqu'il avait écrit dans son autobiographie : « Il y a longtemps, je me suis rendu compte que je n'avais pas les qualités d'un bon mari. » Il était insupportable. Il avait perdu son travail au Caesars Palace. Je pense que son orgueil l'empêchait de donner des leçons de tennis.

Avant de se séparer, Pancho et Rita avaient eu un fils, Skylar, né en 1985. Malheureusement, aucun des deux n'était vraiment à l'aise dans le rôle de parent. Ils ne savaient pas s'occuper de leur garçon. Au fil des années, c'est Betty qui dut s'occuper de Skylar. Au début, elle faisait plutôt office de gardienne, puis nous avons cessé de nous raconter des histoires, et Skylar est venu vivre avec nous. Heureusement, à cette époque, Rita et moi avions renoué. Aucun de nous deux ne s'était excusé ou n'avait reconnu ses torts, mais peu à peu nous nous étions remis à nous parler tout naturellement.

Cela ne veut pas dire que Rita et Pancho n'aimaient pas Skylar. Bien au contraire. Je dirais même que Pancho avait déteint sur son fils. Peut-être était-ce parce qu'à sa naissance, Pancho était déjà à la retraite et qu'il avait enfin le temps de savourer chaque moment passé avec lui, ce qu'il n'avait pu faire avec ses autres enfants. Ou peut-être était-ce parce que lorsqu'il était encore bébé, Skylar avait failli se noyer dans leur piscine, tandis que Pancho, au lieu de le surveiller, s'était endormi. Après avoir nourri les chevaux, Rita était rentrée et avait retrouvé Skylar au fond de la piscine. Elle avait plongé et lui avait sauvé la vie. Pancho avait déjà perdu une fille, Mariessa, qui à onze ans était décédée après une chute de cheval. Il n'avait jamais été proche d'elle, mais sa mort avait dû le toucher. Quoi qu'il en soit, lorsque Skylar s'en est sorti, Pancho s'est juré d'être un bon père, parole d'honneur. Là où Pancho se montrait insolent et grossier avec d'autres, il était doux et patient avec Skylar. Ce dernier lui rendait cet amour au centuple.

Comme nous avions la garde de Skylar, nous voyions souvent Pancho. Il frappait à la porte pour venir chercher son fils. Je lui ouvrais et nous discutions. «Comment ça va? lui disais-je. Comment va la santé?» Il n'entrait jamais. Sauf une fois, parce qu'il avait toujours voulu voir à quoi ressemblait la chambre de Skylar.

Par le plus grand des hasards, je suis tombé malade à cette époque. Au début de l'année 1995, j'ai commencé à avoir du mal à respirer. Je suis finalement allé voir un cardiologue, qui m'a mis sur un tapis roulant pour me faire passer un électrocardiogramme. Puis il m'a donné rendez-vous pour une angiographie.

Alors que j'attendais les résultats avec Betty, Phillip arriva.

«Papa, me dit-il. Je ne veux pas t'inquiéter pour rien, mais le docteur a dit que si tu étais son père, il te ferait opérer au cœur demain.

Nous nous sommes tous les deux regardés. Puis j'ai pris la parole.

– Quoi? Tu veux que je te donne une réponse? Qu'est-ce que tu veux que je te dise?

– Je veux que tu me dises que tu vas te faire opérer au cœur demain, me dit-il.

– Il faut que je m'y prépare psychologiquement! Je ne suis pas prêt!»

C'en était trop. Betty venait de se faire opérer à la vessie deux semaines auparavant et elle pouvait à peine marcher. J'étais trop occupé à m'inquiéter pour elle pour songer à m'inquiéter pour moi. Finalement, je me suis fait à l'idée. Je me suis dit: «Si je meurs, tant pis.» J'ai mis toutes mes affaires en ordre. J'ai dit à Betty que si quelque chose m'arrivait, elle envoie cinq mille dollars par an à mon frère Helmut en Iran. Pour le reste, elle savait quoi faire.

Pendant plusieurs nuits, j'ai rêvé que je mourais et que je me retrouvais dans un cercueil. J'étais certain de ne pas m'en sortir.

Je n'avais jamais parlé de mes problèmes de santé à mes enfants, sauf à Phillip. Mais bien sûr, Phillip a appelé Andre qui jouait un tournoi à Palm Spring. Andre prit l'avion pour Las Vegas afin de récupérer le résultat des tests et il les envoya à des chirurgiens au Texas.

Il leur demanda: «S'il s'agissait de votre père, où l'enverriez-vous?»

Ils lui répondirent: «Au docteur Lax de UCLA.»

Andre passa un coup de fil et rendit visite au docteur en question. Celui-ci avait beau être en congé le mardi, Andre le persuada de s'occuper de moi. Je me suis rendu à Los Angeles le lundi, et le mardi je me trouvais sur le billard pour un quintuple pontage coronarien.

J'y ai survécu, de toute évidence, mais Pancho n'a pas eu cette chance. À sa manière bien à lui, il avait lutté contre le cancer, mais cet adversaire était imbattable. En juin 1995, jauni par la maladie, il se présenta au Sunrise Hospital. Je lui ai rendu visite à plusieurs reprises. Il n'était pas bien en point, mais pire, il avait honte. Il avait honte de se sentir vulnérable. Après tout, il avait été légendaire. En plus, il avait honte d'avoir toujours été désagréable avec ceux qui étaient venus le voir à l'hôpital.

Pancho est mort le 3 juillet 1995 à l'âge de soixante-sept ans.

Environ deux cents personnes sont venues à son enterrement. C'était plus que ce à quoi je m'attendais, vu à quel point il faisait fuir les gens qu'il rencontrait. Même ses anciens rivaux Rod Laver, Alex Olmedo et Dennis Ralston sont venus lui rendre hommage. La cérémonie fut brève, comme Pancho l'avait souhaité. Par la suite, nous avons invité ses proches à la maison et leur avons servi à manger.

En 1996, Andre nous appela pour nous annoncer qu'il avait l'intention de demander Brooke en mariage.

Ce n'était pas le premier de mes enfants à se fiancer. L'année précédente, après avoir voyagé presque dix ans sur le circuit avec Andre, Phillip avait épousé une jeune femme tout à fait charmante, Marti, et s'était installé à San Diego, où il trouva plus de travail que nécessaire en tant qu'entraîneur de tennis. Quelques années plus tard, ils fondèrent une famille en donnant naissance à une magnifique petite fille prénommée Carter; c'était en 1998.

J'avais donné ma bénédiction à Phillip. Pour Andre, ce fut une autre histoire.

« Si c'est ce que tu veux, lui dis-je, alors tu as ma bénédiction. » Je n'étais pas content de ce mariage mais, après tout, ce n'était pas ma vie. Et qui sait ? Peut-être que j'avais tort, tout comme ma mère avait eu tort lorsque j'avais épousé Betty au lieu d'une bonne petite Arménienne.

Mais j'en doutais.

Le mariage devait se dérouler à Monterey, le 19 avril 1997, dix jours avant le vingt-septième anniversaire d'Andre. À l'approche du jour J, Betty est allée les rejoindre afin de les aider. Je comptais arriver le matin de la cérémonie. Ce jour-là, je me suis rendu au Tropicana où je pouvais me garer gratuitement. À partir de là, j'ai pris un taxi jusqu'à l'aéroport. De je ne sais quelle manière, entre chez moi et l'aéroport, j'ai perdu mon billet d'avion et mon portefeuille dans lequel se trouvait une liasse de billets. Ils avaient dû tomber de ma poche. Je n'avais que mes bagages et mes clés de voiture. Je suis retourné à ma voiture et j'y ai retrouvé certaines de mes cartes de crédit ainsi que mon permis de conduire. Par contre, je n'avais toujours pas mon billet d'avion.

Carte de crédit en main, je suis retourné à l'aéroport et j'ai acheté un autre billet. Bien sûr, le temps des allers-retours, j'avais raté mon avion et j'ai dû attendre le suivant. Enfin, une fois à Monterey, je me suis rendu au tapis roulant où devaient sortir mes bagages pour apprendre que la porte de la soute de l'avion était coincée. De surcroît, la limousine qui était venue me chercher était partie en voyant que je n'étais pas sorti du premier avion.

Ce n'était pas une bonne journée.

Heureusement, à l'heure du mariage, la compagnie aérienne était parvenue à forcer la soute pour récupérer les bagages. On déposa les miens dans le pavillon qu'Andre et Brooke avaient loué pour leur mariage. Après nous être habillés, Betty et moi nous sommes rendus à l'église et avons pris place pour la cérémonie avec cent cinquante autres invités. On nous avait dit que la presse populaire était prête à payer cent mille dollars pour des photos exclusives du mariage. Par conséquent, personne n'avait eu le droit d'apporter un appareil photo à l'intérieur de la chapelle. La veille, un photographe s'était déguisé en arbuste pour prendre des photos de notre hôtel. Il faisait chaud et humide à l'intérieur de l'église. Nous avions fermé les fenêtres pour faire barrage au bruit des hélicoptères de paparazzis se trouvant au-dessus de nous. À la fin de la cérémonie, une chorale de trente-cinq garçons chanta une version inhabituelle du *Gloria*. Par la suite, nous nous entassâmes dans une camionnette pour nous rendre à l'auberge de la réception, suivis d'Andre et de Brooke dans une calèche.

À la réception, j'étais assis avec ma famille, à l'exception d'Andre, puisqu'en toute logique il était avec Brooke. Le repas était outrageusement cher. Nous avions le choix entre des escalopes de veau avec du risotto aux champignons, ou du poulet paillard avec des pâtes à l'italienne. Ensuite, nous avons écouté les invités porter toast sur toast. Enfin, j'ai fini par me sentir mal. Je n'étais pas littéralement malade, mais tout simplement mal. J'avais accumulé du stress toute la journée et j'entretenais toujours des doutes au sujet du mariage d'Andre. Tout cela gargouillait dans mon estomac comme du poisson pourri.

Je suis donc sorti.

Avec le recul, je me rends compte qu'en tant que père du marié, partir au beau milieu de la réception de mariage de mon fils n'était pas la meilleure chose à faire. Pourtant, je devais sortir prendre l'air. Je pense qu'Andre a interprété ma sortie prématurée comme un signe de protestation. Peut-être était-ce le cas. Je n'ai jamais été très doué pour cacher mes sentiments, surtout lorsque je vois un problème. Tout ce que je sais, c'est qu'Andre a été terriblement en colère et blessé par mon geste, et j'en fus désolé. Sincèrement. Mais le mal était fait et je ne pouvais pas revenir en arrière.

Andre ne fit aucun effort en 1997.

Il atteignit les demi-finales à San Jose, mais fit l'impasse sur l'Open d'Australie, Roland-Garros et Wimbledon en donnant comme excuse une blessure au poignet. (Brad Gilbert attribua pour sa part l'absence d'Andre à Wimbledon à un manque de volonté.) Il s'inclina au premier tour des tournois de Memphis, Scottsdale, Indian Wells, Key Biscayne, Washington, Los Angeles et Stuttgart. Il joua un peu mieux à Atlanta, atteignant le deuxième tour! Après avoir atteint les quarts de finale à Indianapolis, il se réveilla brièvement pour l'US Open, mais fut stoppé au stade des huitièmes de finale par Patrick Rafter, éventuel vainqueur du tournoi.

Pas besoin d'être un génie pour voir où était le problème : Andre était déchiré. Il aimait Brooke. Il voulait être avec elle. En parcourant le circuit, il allait passer des semaines, voire des mois loin d'elle. Il ne voulait pas que cela se produise. Quant à Brooke, elle était occupée avec sa série, et d'autres rôles ici et là. Elle n'était pas prête à sacrifier tout cela pour Andre. Après tout, si le passé est garant de l'avenir, elle pourrait bien ne jamais retrouver de travail. Andre se sacrifia donc et suivit Brooke d'un endroit à l'autre.

Parfois identifié comme «M. Brooke Shields», Andre n'était pas heureux. Pire, il avait honte, et il était furieux. Il savait qu'il ne lui restait plus que quelques années de tennis devant lui. Il lui restait peut-être cinq ans à jouer et il venait de gâcher une année.

Enfin, après avoir touché le fond en tombant à la cent quarante et unième place mondiale (non, ce n'est pas une erreur de frappe), Andre en eut assez. Avec l'accord de Brooke, il se consacra de nouveau au tennis à la fin de 1997. Mais comme il avait perdu confiance en lui, il décida de participer à des tournois satellites plutôt qu'à des tournois ATP. Il pensait que ce choix lui permettrait d'avancer suffisamment dans les tableaux pour enchaîner plusieurs matchs. Il fit couler pas mal d'encre. La presse écrivit même pas mal de bêtises à son sujet, mais j'étais fier de lui. N'importe quel joueur ayant un peu moins de caractère aurait pris sa retraite. Pour dire la vérité, je pensais qu'il était temps qu'il fasse ses adieux au circuit et qu'il se contente de faire quelques apparitions et des démonstrations. D'un point de vue financier, il n'avait pas à se faire de souci, il avait gagné suffisamment pour être à l'aise le reste de sa vie. Il était devenu numéro un mondial. Il avait remporté quelques titres du Grand Chelem. Il avait accompli tout ce que j'avais pu espérer pour lui. S'il s'était arrêté là, je n'aurais pas été malheureux.

Cependant, Andre avait autre chose en tête.

En travaillant dur et en fournissant un effort constant, il changea la donne en 1998. Il ne parvint pas à faire grand-chose lors des tournois du Grand Chelem, s'inclinant dès le premier tour à Roland-Garros, au deuxième tour à Wimbledon, et en huitièmes de finale à l'Open d'Australie et à l'US Open. Cependant, il remporta cinq tournois : San Jose, Scottsdale, Washington, Los Angeles et Ostrava. Pour finir, après avoir atteint les bas-fonds du classement en novembre de l'année précédente, il fit un bond de cent trente-sept places pour se retrouver quatrième à l'ATP, douze mois plus tard.

Andre invita tous ses amis et sa famille à passer le congé de l'Action de grâces de 1998 avec Brooke et lui à Malibu. La veille de la fête, il passa à la maison.

«Tu viens à Malibu? me demanda-t-il.

– Non, je ne viens pas.»

Je voyais bien qu'il n'était pas content, mais voyez-vous, j'étais en colère. Il s'était éloigné de nous après avoir épousé Brooke. Il était gentil avec tous ses amis, mais il ne venait jamais nous voir. Il venait s'entraîner avec Gil sur le terrain derrière chez nous, ou bien au gymnase juste à côté, mais il ne prenait jamais la peine de passer à la maison ou même de rendre visite à sa mère. Je voulais bien qu'il m'ignore, mais qu'avait fait sa mère pour mériter cela?

«Qu'est-ce que tu vas faire? me demanda-t-il. Tu vas rester assis seul dans cette grande maison? Maman vient!

Je l'ai regardé sans lui répondre.

– Pourquoi ne veux-tu pas venir?

– J'ai du travail», lui dis-je. C'était vrai, je devais travailler, même si nous savions tous les deux que je pouvais changer d'horaire si je le souhaitais.

Il est donc parti, et j'ai passé l'Action de grâces dans mon casino.

J'ai toujours eu peur que ce type de choses arrive dans ma famille. J'ai toujours eu peur que nous ne nous parlions plus et que nous devenions des étrangers. À vrai dire, cela s'était déjà produit avec Rita, même si nous nous étions plus ou moins réconciliés. Cette notion de famille en guerre m'était complètement étrangère. En Iran, mes frères, mes sœurs et mes parents se serraient les coudes pour survivre. Nous étions obligés d'être proches. Mais ici, aux États-Unis, c'était différent, en tout cas pour moi. Cela me faisait vraiment mal.

Un soir, en avril 1999, le téléphone sonna. Il était tard. Comme d'habitude, Betty décrocha.

C'était Andre.

Elle l'écouta sans rien dire, puis raccrocha.

« Il a fait une demande de divorce », me dit-elle, les yeux grands ouverts.

Le jour suivant, à tout juste dix jours de leur deuxième anniversaire de mariage, le divorce était prononcé. Comme ça.

Andre ne nous a jamais dit ce qui s'était passé et pourquoi il avait voulu divorcer si vite. J'avais bien ma petite idée. J'entendais parfois des choses peu flatteuses à l'égard de Brooke à mon travail. Cependant, je ne suis jamais allé raconter ces histoires à Andre. Je ne sais pas ce qui a pu le pousser à admettre le bon sens, mais le fait que le couple ne soit pas parvenu à passer plus d'une semaine d'affilée ensemble en presque deux ans de mariage n'a pas dû aider.

Quoi qu'il en soit, j'ai considéré ce divorce comme une bonne nouvelle. C'était même une très bonne nouvelle, tout particulièrement parce que la décision était venue de lui.

Peu après avoir rempli les papiers, il m'appela.

« Tu avais raison, me dit-il. Il avait l'air triste. Tu le savais, et pas moi. Je n'ai pas été clairvoyant.

– Je suis désolé, lui dis-je. Je savais qu'il souffrait.

– En effet, je le savais, ai-je ajouté.

– Mais c'est fini maintenant, me dit-il. C'est du passé. »

CHAPITRE DIX

> Je pense qu'il est très rare et très
> particulier de faire partie d'une
> famille solidaire sur laquelle on peut
> toujours compter.
>
> Steffi Graf

Roland-Garros 1999 eut une importance toute particulière dans nos vies pour deux raisons.

Premièrement, Andre s'y est imposé pour la première fois de sa carrière. Il avait atteint la finale à deux reprises, en 1990 et 1991, mais après avoir remporté au moins un set chaque fois, il s'était incliné. Cependant, en 1999, la finale prit une tournure différente. Il concéda les deux premières manches face à Andrei Medvedev avant de revenir dans le match et de remporter son premier titre du Grand Chelem depuis 1995.

J'ai regardé cette rencontre à la télé, mais pour être honnête, je n'aurais jamais pensé qu'il l'emporterait, surtout après avoir perdu les deux premiers sets. Je savais que son épaule lui faisait encore un peu mal et que son divorce avec Brooke était encore frais dans sa tête. Je m'étais fait une raison en me disant que c'était le destin. Pourtant, il a gagné. Il est parvenu, par je ne sais quel moyen, à ignorer la douleur et à puiser au plus profond de lui-même l'énergie nécessaire pour triompher.

En remportant ce titre, Andre est devenu le cinquième homme de toute l'histoire (et le deuxième Américain) à remporter les quatre tournois du Grand Chelem dans sa carrière, c'est-à-dire l'Open d'Australie, Roland-Garros, Wimbledon et l'US Open. Ainsi, il faisait officiellement son retour dans l'élite du tennis mondial après avoir quasiment quitté le circuit en 1997.

La victoire était douce.

Deuxièmement, lors du dîner des vainqueurs, quelques semaines après avoir divorcé de Brooke, Andre prit son courage à deux mains et demanda à Steffi Graf, vainqueur du tournoi féminin, si elle accepterait de sortir avec lui. Steffi venait elle-même d'effectuer un incroyable retour après une lourde opération au genou en 1997. Sa victoire à Roland-Garros sur cette petite peste de Martina Hingis était sa première victoire en Grand Chelem depuis 1996.

À vrai dire, ce n'était pas la première fois qu'Andre demandait à Steffi de sortir avec lui. Andre avait beaucoup d'admiration pour Steffi depuis 1992, lorsqu'ils s'étaient tous les deux imposés à Wimbledon. Ils s'étaient fait prendre en photo lors du traditionnel bal organisé pour les vainqueurs du tournoi. Peu après, Andre avait persuadé son agent, Bill Shelton, de demander à Steffi, en son nom, si elle voudrait bien sortir avec lui.

Steffi avait alors refusé.

Bien des années plus tard, lorsque j'ai eu vent de cette histoire, je lui ai dit qu'il aurait plutôt dû me demander à moi de m'en occuper. J'aurais écrit aux parents de Steffi et les aurais invités à dîner. Andre aurait pu se charger du reste. «Ça aurait marché», m'a dit Steffi en riant.

En 1992, plusieurs facteurs avaient incité Steffi à refuser, à commencer par l'irrégularité des résultats d'Andre sur le court. Par ailleurs, elle n'aimait pas les couleurs de ses vêtements et de ses cheveux. Ils étaient trop tape-à-l'œil à son goût. Il faut bien dire qu'Andre mettait probablement plus de vernis à ongles que Steffi. Enfin, la religion d'Andre l'avait rebutée : il était un « chrétien évangélique ». Steffi pensait qu'Andre était une espèce de fanatique religieux, mais franchement, ce n'était pas son genre. Il est vrai qu'Andre est un « chrétien évangélique ». Il a rejoint cette mouvance du christianisme peu après être passé professionnel, à une époque où il était perdu et cherchait une lumière pour le guider. Pour Andre, ce christianisme offrait la paix de l'esprit. Il avait compris qu'il n'était pas bien grave de perdre un match. Cependant, au contraire de nombreux chrétiens qui pensent que leur piété rattrape toutes leurs erreurs, Andre est parvenu à atteindre ce juste milieu où il est en accord avec son Dieu et envers lui-même. Il n'essaye pas de tempérer son excentricité et son franc-parler au nom de la religion. Il continue de jurer et de porter des boucles d'oreille. C'est toujours Andre.

Mais après Roland-Garros 1999, lorsqu'il tenta sa chance pour la deuxième fois, et cette fois en ayant l'intelligence de lui poser la question lui-même au lieu d'envoyer son agent, Steffi le vit pour l'homme qu'il était, l'homme qu'il était devenu, et elle accepta.

Après leur première sortie, Steffi rompit avec le pilote de Formule 1 Michael Bartels, avec qui elle était depuis sept ans.

Andre et elle étaient un vrai couple.

Comme de nombreux joueurs de tennis, dont Andre, Steffi a appris à jouer grâce à son père. Par contre, au contraire de nombreux joueurs de tennis, dont Andre, Steffi suppliait qu'on lui apprenne à jouer. Quand elle avait quatre ans, son père Peter lui acheta une raquette dont il scia le manche afin qu'elle puisse mieux la manier avec ses petites mains. Ensuite, il lui enseigna les rudiments du jeu. Ils volleyaient tous les deux au-dessus du canapé du salon pour gagner le premier prix : une crème glacée.

Très vite, Peter se rendit compte que sa fille était assez douée pour gagner bien plus que de la crème glacée. Alors qu'elle était à peine en âge de marcher, Steffi était déjà rapide et adroite. Elle pouvait également frapper la balle au centre de la raquette, et avec puissance. Peter commença à l'inscrire à des tournois dans sa région, et en moins d'un an Steffi balayait du court des filles de huit ans. Elle remporta son premier tournoi à six ans.

Peter savait reconnaître un prodige lorsqu'il en voyait un. Lorsqu'il plaça tous ses pions sur sa fillette de sept ans, il savait qu'il avait de bonnes chances de réussir son pari. Il avait quitté son travail de vendeur de voitures d'occasion à Mannheim, en Allemagne, pour s'installer avec sa famille à Brühl, où il donnait des leçons de tennis dans un petit club afin d'aider sa fille à progresser.

Inutile de préciser qu'il a gagné son pari.

Steffi, qui était si petite qu'elle était à peine visible de l'autre côté du filet, remporta les titres de championne d'Allemagne de l'Ouest chez les moins de quinze ans *et* chez les moins de dix-neuf ans à seulement onze ans. En 1982, ses coups de fond de court faisaient déjà trembler plus d'une joueuse, et c'est au cours de cette saison, à seulement treize ans, que la petite Steffi passa ches les professionnelles. Elle joua son premier match contre Tracy Austin. Pendant trois ans, elle participa à des tournois satellites en Europe. En 1984, elle remporta la médaille d'or aux Jeux olympiques de Los Angeles (cette année-là, le tennis n'était qu'un sport de démonstration). En 1985, elle se fraya un chemin pour faire partie des vingt-cinq meilleures joueuses mondiales. En 1986, elle accéda à la deuxième place mondiale.

C'est en 1987 qu'elle remporta son premier titre du Grand Chelem, à Roland-Garros, se hissant ainsi à la place de numéro un mondial. Elle avait dix-huit ans.

Le coup droit de Steffi, son arme maîtresse, était tellement puissant qu'on s'attendait presque à voir la balle exploser en vol et hurler de douleur. Et, bien qu'à ses débuts elle ne fût réputée que pour ce coup, elle développa vite un revers et un service de même qualité. En plus de cette panoplie de coups qui étaient fatals à ses adversaires, Steffi était incroyablement rapide et c'était une grande athlète : elle était rapide et agile.

En 1988, elle pilla littéralement tous les titres du circuit. Non seulement elle réussit le Grand Chelem, mais elle remporta aussi la médaille d'or aux Jeux olympiques de Séoul, ce qui fit d'elle la seule et unique athlète, hommes et femmes confondus, à remporter les cinq titres lors d'une seule et même année. Cet exploit fut appelé le «Grand Chelem en or». À vrai dire, Steffi dominait tellement le circuit que les journalistes ont commencé à poser la question que toutes les autres joueuses se posaient : quand comptait-elle prendre sa retraite? Après tout, que pouvait-elle accomplir de plus? Chris Evert raconta au magazine *Sports Illustrated* que les joueuses espéraient toutes que Steffi tombe amoureuse, qu'elle se marie et qu'elle attende un enfant. Il n'y avait que dans ces conditions que quelqu'un d'autre aurait une chance de remporter un titre du Grand Chelem.

Steffi allait faire tout cela avec Andre (pas tout à fait dans le même ordre), mais malheureusement pour Chris Evert, ce serait dix ans plus tard. Au cours de ses dix-sept ans de carrière, Steffi remporta cent sept titres en simple, dont vingt-deux en Grand Chelem. Elle pulvérisa tous les records en trônant à la première place mondiale pendant trois cent soixante dix-sept semaines. Si vous deviez dresser une courbe représentant la carrière de Steffi, elle serait droite comme une équerre.

Cette incroyable constance définissait Steffi. Elle était inébranlable, sans cesse concentrée sur son tennis. On disait qu'elle était aussi solide – et intéressante – qu'une machine à coudre allemande. Alors que ceux qui s'occupaient d'Andre essayaient de le calmer et le poussaient à se concentrer sur le tennis, c'était l'inverse pour Steffi : son camp essayait de la faire paraître plus humaine. « Elle aime le ski nautique ! » disaient ses proches. « Elle aime beaucoup la marche ! » ou encore « Vous devriez la voir sur un terrain de foot », mais tous leurs efforts ne menaient nulle part. En vérité, Steffi mangeait, dormait et respirait tennis. Il était bien difficile de lui faire penser à autre chose.

Pendant tout ce temps, je me disais : et si Steffi avait une personnalité de bibliothécaire ? Était-elle en colère lorsqu'elle corrigeait ses adversaires sur le court ? Qu'est-ce que cela pouvait bien faire qu'elle ne soit pas aussi féminine que Gabriela Sabatini ou Christ Evert ? (Bien sûr, Steffi allait plus tard nous montrer à tous à quel point elle pouvait être féminine en posant dans *Vogue* et dans le numéro spécial « maillots de bain » de *Sports Illustrated*.) Steffi gagnait. Il fallait bien le reconnaître. À vrai dire, elle était une très bonne joueuse. Elle remettait en question des décisions d'arbitrage, même si cela jouait contre elle. En dehors du court, elle était gentille, timide, sensible, humble, polie, et le ton de sa voix était doux. Elle était normale. Tellement normale qu'elle évitait les contrats publicitaires pour des marques trop extravagantes. Au lieu de faire de la publicité pour Mercedes-Benz, elle prêtait son image à Opel, une marque plus simple. Steffi et sa famille avaient décidé, en toute sagesse, de garder leur petite maison à deux étages dans le centre de Brühl comme lieu de résidence. Ils ne tenaient pas à déménager pour éviter les impôts (Monte Carlo, S.V.P. ?).

Au contraire de bon nombre de familles sur le circuit, la famille Graf était vraiment unie. Ils se réconfortaient mutuellement. La famille représentait tout pour Steffi. Elle avait peu d'amis. À cause de son obsession pour le tennis, ses camarades de classe la taquinaient ou l'ignoraient, et tout le monde vous dira que le circuit féminin n'est pas franchement l'endroit où l'on se fait des amies. Chaque fois que la presse lui assenait une pique sur son style plutôt «robotique», sur son nez volumineux, sur ses épaules carrées, ou que les autres joueuses faisaient des commentaires narquois à son égard, Steffi se repliait un peu plus sur son cocon familial.

Heidi, sa mère, s'occupait très énergiquement de ce cocon et chaperonnait Steffi sur le circuit (son petit frère Michael la suivait de temps en temps). Cependant, c'est le père de Steffi qui travaillait sans cesse pour protéger sa fille des pièges, des dangers et des distractions qui accompagnaient généralement la gloire et la fortune des grands joueurs. Après que Steffi fut passée pro, Peter est resté son entraîneur et est également devenu son gérant. Il s'occupait ainsi de ses finances, il engageait et renvoyait des entraîneurs supplémentaires, il limitait ses heures d'entraînement sur le court afin de ne pas la surmener, et enfin il la protégeait autant que possible des médias. De son côté, Steffi adorait Peter. Elle ne lui en a jamais voulu de l'avoir entraînée et n'a jamais essayé d'échapper à son contrôle. Leur relation était une incroyable symbiose, qui en était presque malsaine : Steffi représentait tout pour Peter, et Peter était tout pour Steffi.

De manière assez prévisible, le zèle que Peter déployait à vouloir tout gérer, et à vouloir protéger sa fille, suscita des critiques. Surnommé le «papa sans pitié», il fut accusé de manipuler l'emploi du temps de Steffi afin que cette dernière ne quitte pas la première place mondiale. Il fut également accusé de lui donner des conseils à partir des tribunes, ce qui, pour je ne sais quelle raison, ainsi que je l'avais appris lorsque mes enfants jouaient sur le circuit junior à Salt Lake City, était interdit, alors que tous les autres sports le permettaient.

(Il ne faut pas me lancer sur ce sujet.) Peter était connu pour harceler les organisateurs de tournois et, occasionnellement, s'en prendre aux fans qui encourageaient les adversaires de sa fille. Les journalistes qui critiquaient Steffi savaient que Peter allait leur répondre en les insultant. Les gens disaient de lui qu'il était lunatique, autoritaire et abusif. Comme la commentatrice Mary Carillo le dit un jour, Peter était le «bâtard attitré» de Steffi. Un ami de la famille déclara à *Sports Illustrated* que «l'attitude de Steffi sur le court (reflétait) l'attitude de son père dans la vie de tous les jours».

Pire encore, comme de nombreux Allemands de sa génération, Peter Graf avait développé un gros complexe de persécution, même si dans son cas il avait peut-être raison. Tout le monde sait bien que l'Association de tennis féminin (WTA) a volé un certain nombre de matchs à Steffi, notamment en refusant de la laisser voir un soigneur alors qu'elle avait mal au genou pendant un match et en laissant une adversaire en voir un à un moment où elle n'y avait pas droit. Ce ne furent que deux incidents parmi d'autres. Pire, en 1988, alors que Steffi était sur le point de conclure son Grand Chelem, des représentants de la WTA ont été vus en train de se réjouir ouvertement lorsque Steffi perdit un point pendant la finale de l'US Open. Enfin, pour couronner le tout, Steffi n'a pu fêter sa victoire historique, puisque son père lui avait demandé de rentrer immédiatement en Europe afin de s'occuper de certaines affaires. Steffi en fut bien évidemment déçue. Ce fut l'une des rares fois qu'elle supporta mal l'autorité de son père.

Après un certain temps, la paranoïa, le stress, l'argent et la gloire eurent raison de Peter. Il commença à boire et à avaler des cachets. En 1990, lorsque Steffi avait vingt et un ans, le tabloïd allemand *Bild* révéla qu'une playmate du magazine *Playboy* âgée de vingt-deux ans avait intenté une action auprès de la justice allemande pour que Peter Graf reconnaisse la paternité de sa fille. Peter lui aurait alors versé une importante somme d'argent pour qu'elle retire sa demande. De manière ironique, la terrible trahison de Peter reflétait celle que son propre père avait commise lui-même, à la différence que l'erreur de son père avait conduit sa mère au suicide. Peter ne le lui a jamais pardonné.

La nouvelle bouleversa Steffi. Elle avait dû réagir à des interruptions de match causées par la pluie, et même à quelques fans psychopathes. L'un d'entre eux s'était même ouvert les veines sur le pas de sa porte, sous ses yeux. Cependant, rien dans sa vie ne l'avait préparée à voir sa famille se désintégrer. Sa confiance fut mise à mal. Sa série de soixante-six victoires d'affilée prit fin lorsqu'elle s'inclina en finale de l'Open d'Allemagne devant la nouvelle venue du circuit Monica Seles, âgée de seize ans. Steffi continua de perdre, à Roland-Garros, toujours devant Seles, ainsi qu'à Wimbledon. Monsieur et madame Graf se réconcilièrent, comme en firent foi les images du couple se tenant la main au All England Lawn Tennis & Croquet Club, mais pour Steffi, le mal était fait. Ses échecs sur le court s'enchaînèrent, alors que Monica Seles se dirigeait tout droit vers le sommet de la hiérarchie mondiale. Seles remporta sept des onze tournois du Grand Chelem suivants, dérobant ainsi la première place mondiale à Steffi.

C'est à ce moment précis que la courbe de Steffi connut son premier creux et que les bruits de couloir commencèrent à circuler : est-ce qu'à vingt-trois ans Steffi en avait assez?

Le 30 avril 1993, au lendemain du vingt-troisième anniversaire d'Andre, un spectateur poignarda Monica Seles pendant un changement de côté lors d'un tournoi en Allemagne. Je regardais le match à la télé. Elle était assise là, concentrée sur son match, lorsque tout à coup un type surgit pour lui planter un couteau dans le dos. Au moment où elle s'évanouissait sur le court, plusieurs spectateurs se ruèrent sur l'homme pour l'immobiliser à terre.

J'étais sous le choc.

Très vite, l'identité de l'homme fut révélée. Il s'agissait de Günther Parche, un fan de Steffi complètement dérangé, qui avait poignardé Seles pour avoir volé la place de numéro un mondial à son idole.

Steffi était horrifiée.

Elle se sentait coupable, j'en suis sûr, et désolée. Cependant, je pense qu'à cette époque elle avait du mal à exprimer ses sentiments. Elle ne savait pas quoi dire, ni comment réagir. Elle fit ce qu'elle avait toujours fait : elle se replia sur sa famille, sur elle-même et sur le tennis. Comme Monica était hors jeu, Günther Parche obtint ce qu'il voulait : Steffi récupéra rapidement la place de numéro un mondial. Il y eut alors débat pour savoir si Monica devait garder sa place de numéro un mondial jusqu'à son retour sur le circuit, mais toutes les joueuses étaient contre. Les fans de Monica en ont voulu à Steffi d'être restée muette sur la question. Je pense qu'elle ne savait que dire ni que faire. Quoi qu'il en soit, Steffi était mal à l'aise de savoir qu'elle était numéro un parce que Monica avait été poignardée. Il lui manquait également d'avoir une rivale, une joueuse à sa hauteur sur le circuit.

Cette année-là, elle remporta dix tournois.

Malgré ses succès sur le court, Steffi s'était assombrie. Elle était comme un soldat revenant d'une guerre longue et atroce. Elle s'était renfermée sur elle-même. Elle commença à voyager moins souvent avec sa famille et passait plus de temps seule. Si par le passé on la décrivait comme timide et peu bavarde, maintenant on disait qu'elle était impolie. La presse l'appelait la « petite mademoiselle Choucroute ». Elle songea à prendre sa retraite, mais se résolut à continuer, remportant sept titres en 1994. Elle ne savait que faire d'autre.

Rien ne semblait pouvoir être pire pour Steffi, mais un autre incident vint la secouer.

En août 1995, le gouvernement allemand arrêta son père et le mit en prison pour fraude fiscale. La somme s'élevait à plusieurs millions de marks appartenant à Steffi. Cet argent était passé dans un paradis fiscal sur une île quelconque. Il n'avait rempli aucune déclaration de revenus de 1989 à 1992. Il n'avait payé que de petites sommes, représentant dans le meilleur des cas dix pour cent des revenus de Steffi. C'était bien loin du taux maximal exorbitant de cinquante-six pour cent imposé par le gouvernement allemand. Le fiscaliste de la famille rejoignit vite Peter en prison. Steffi elle-même dut se soumettre à plusieurs interrogatoires afin de répondre aux questions des autorités allemandes, même si, bien sûr, elle ne savait rien de la gestion de son argent. Elle était une joueuse de tennis, pas une comptable.

Inutile de vous dire à quel point les médias raffolèrent de cette histoire. Ils la suivaient partout. Ils campaient sur son perron à Brühl et à l'extérieur de son appartement de Soho à New York. La presse allemande était tout particulièrement passionnée par ce scandale. Il y eut des reportages sur des conversations privées entre Steffi et Peter lors de visites en prison sous surveillance. Il y eut également des reportages sur des lettres que Heidi avait envoyées à Peter. Le tabloïd *Bild* publia des extraits du profil psychiatrique de Peter. Enfin, bien sûr, tout le monde parlait de la culpabilité de Steffi : « Elle le savait. Bien sûr qu'elle le savait. Si elle ne l'avait pas su, elle aurait dû le savoir ! » Ces rumeurs circulaient, bien que Peter et le comptable de la famille eussent affirmé le contraire.

Même la victoire de Steffi à l'US Open 1995 contre Monica Seles, alors en plein retour triomphant, ne parvint pas à ramener les discussions sur le tennis. En conférence de presse, après sa victoire en finale, Steffi fondit en larmes et sortit de la salle après qu'un journaliste lui eut demandé quand elle pensait revoir son père.

Les mauvaises nouvelles ne cessaient de s'accumuler. Steffi, déjà atteinte psychologiquement, commença à ressentir des douleurs dorsales chroniques. On l'opéra au pied gauche afin de lui retirer un bout d'os qui la faisait souffrir. Son chien préféré mourut. Après un procès long de cinq mois, Peter fut condamné, au début de 1997, à trois ans et neuf mois de prison ferme. Ses parents se séparèrent.

Heureusement, quelques bonnes choses lui arrivèrent : ses fans furent pris de compassion pour elle. Steffi en fut touchée. Ils avaient enfin compris qu'elle était sensible, vulnérable et profondément humaine. Elle commença à gérer son argent et sa vie. Elle engagea une équipe, ouvrit un bureau et monta sa propre entreprise de publicité spécialisée dans le sport. En 1995 et 1996, elle remporta Roland-Garros, Wimbledon et l'US Open. Mieux encore, elle commença à percevoir le tennis différemment. Elle aimait se retrouver sur le court, mais pour d'autres raisons. Le tennis lui changeait les idées et lui faisait oublier ses problèmes personnels pendant un moment. « J'ai énormément de plaisir à me trouver sur le court et à gagner, surtout lorsque la victoire se fait plus difficile, en raison des problèmes auxquels j'ai dû faire face, déclara-t-elle à *Sports Illustrated* en novembre 1996. Je chéris ces moments bien plus qu'auparavant. »

Au cours de toutes ces épreuves, Steffi n'a jamais tourné le dos à Peter ; j'ai pour elle beaucoup de respect pour avoir adopté une telle attitude. À *Sports Illustrated*, elle déclara : « Quand on sait ce que l'alcool et les comprimés peuvent vous faire, il est bien difficile d'être en colère. Elle ajouta : « Je l'aime du plus profond de mon cœur. Rien ne changera jamais à ce sujet. Il a besoin d'aide. Il va avoir besoin de beaucoup d'aide. Je sais ce qui m'attend. »

Cependant, les dieux n'avaient pas fini de mettre Steffi à l'épreuve. Après un tournoi en fin de saison 1996, elle commença à ressentir des problèmes de genou. Elle continua de jouer malgré la douleur, jusqu'à ce que celle-ci devienne si intense qu'elle ne pouvait presque plus marcher. Après sa défaite en quart de finale à Roland-Garros, devant Amanda Coetzer, elle se fit opérer au genou gauche. Sa douleur provenait d'une rupture du tendon au niveau de la rotule et de plusieurs déchirures du cartilage. Les chirurgiens ne pouvaient rien promettre. Elle parviendrait probablement à marcher de nouveau, mais au-delà de ça, rien n'était sûr.

Steffi amorça sa réadaptation avec toute l'intensité et la détermination qu'on lui connaissait. Après avoir passé huit mois en dehors du circuit WTA, celle qui avait chuté à la quatre-vingt-onzième place au classement effectua son retour avec quelques incertitudes. Elle ne s'attendait plus à dominer le circuit comme autrefois. À vrai dire, elle ne s'attendait pas à grand-chose du tout. Elle voulait tout simplement continuer de jouer aussi longtemps qu'elle le souhaitait, et finir sa carrière quand bon lui semblerait.

Au début, diverses petites blessures rendirent son retour difficile. Elle dut se retirer du tournoi d'Indian Wells en demi-finale en raison d'un claquage à l'ischio-jambier. Les trois vis qu'elle avait dans le genou la gênaient, et pour finir le plat, elle se froissa un muscle du mollet. Il lui fallut également une petite opération au poignet. Et elle fut de nouveau blessée au pied. Elle fut déçue de s'incliner dès le troisième tour de Wimbledon, et dès les huitièmes de finale de l'US Open, mais elle atteignit malgré tout les quarts de finale d'Hanovre et d'Eastbourne, les demi-finales de Birmingham, et elle s'imposa à New Haven, Leipzig et Philadelphie.

En fin de compte, personne ne fut vraiment surpris de voir Steffi revenir au plus haut niveau. Lorsqu'on a un palmarès comme le sien, personne ne devrait tirer un trait sur vous. Steffi fut elle-même surprise de l'accueil chaleureux qu'on lui avait réservé. Alors qu'elle participait à son premier tournoi depuis son opération, le public se leva et l'acclama spontanément, comme pour lui rendre hommage. Sidérée et touchée par cet élan de reconnaissance, elle fondit en larmes. Steffi, la femme stoïque qui avait apporté toute la solitude du monde sur le circuit, les scandales de son père, le divorce de ses parents, la tentative de meurtre sur sa rivale et ses problèmes de genou, avait enfin pleuré.

Il est intéressant de noter que le retour de Steffi coïncidait avec la résurrection d'Andre, et je pense que c'est à ce moment-là que Steffi a commencé à le voir différemment. Elle détestait entendre la presse ou d'autres joueurs se moquer de lui parce qu'il devait se battre pour s'imposer dans des tournois satellites. Elle aimait le voir faire ses preuves à chaque match. Quant à Andre, il savait ce que cela faisait d'être traité comme un has-been. Un jour, Martina Hingis avait sournoisement laissé entendre que Steffi était trop vieille pour s'imposer de nouveau et que le tennis avait progressé au-delà de ses capacités.

À cela, Steffi répliqua en battant Hingis en finale de Roland-Garros, en 1999, en déclarant cette victoire la plus grande de sa carrière, en acceptant de sortir avec Andre et en mettant un terme à sa relation avec Michael Bartels.

De manière assez incroyable, Andre et Steffi avaient réussi à garder leur relation secrète à Wimbledon, où ils s'étaient inclinés tous les deux en finale (Andre devant Sampras, et Steffi contre Lindsey Davenport. De son côté, Martina Hingis était disparue dès le premier tour). Leur relation demeura un secret pendant l'US Open, auquel Steffi avait refusé de participer et qu'Andre remporta en dominant Todd Martin en cinq manches.

Ce fut un secret, même pour nous, jusqu'à ce que Brooke Shields nous appelle pour nous annoncer la nouvelle. Betty décrocha le téléphone.

« Est-ce que vous savez qui Andre fréquente en ce moment ? lui demanda Brooke.

– Non, qui ? répondit Betty.

– Steffi Graf ! » s'exclama Brooke, incrédule. Peut-être qu'elle avait du mal à s'imaginer qu'un homme puisse lui préférer une femme comme Steffi.

Quant à moi, j'étais content de voir qu'ils étaient en relation. Je ne connaissais pas bien Steffi, mais elle m'avait toujours fait bonne impression. Chaque fois que je la voyais, elle était gentille et polie, ainsi que ses parents.

« Ils ont tous les deux grandi dans la même écurie », dis-je à Betty. Elle était d'accord.

Je n'ai aucune difficulté à comprendre pourquoi Andre pouvait être fou de Steffi : elle ressemble en plusieurs points à ma Betty. Elle est simple, gentille et facile à vivre. De plus, lorsqu'un jour un journaliste lui demanda quelle célébrité elle aimerait rencontrer, elle ne répondit pas Madonna, Michael Jordan ou Harrison Ford. Non, sa réponse fut Max Schmeling, ce grand boxeur allemand qui avait tenu tête à Hitler et l'avait rendu fou en continuant à fréquenter des juifs et en restant tout simplement en vie quelques années plus tard. Franchement, qui n'aimerait pas cette fille ?

Ce que je préfère chez Steffi, c'est l'importance qu'elle accorde à la famille. Ses parents lui avaient apporté tellement d'amour et de soutien au cours des années que cet esprit de famille était plus fort que tout. À vrai dire, cet esprit de famille l'habite tellement qu'elle est même parvenue à réconcilier notre famille. Elle traite tous les membres de la famille d'Andre comme des membres de sa propre famille.

Pour être honnête, au moment où Andre et Steffi ont commencé à se voir, mes rapports avec Andre étaient encore un peu tendus. Au moins, son divorce avec Brooke avait entrouvert une porte, mais pour le reste, aucun de nous deux n'était décidé à faire le premier pas.

Steffi a changé les choses. Elle l'a poussé à faire le premier pas.

Un jour, elle est venue à la maison, seule. Elle m'a pris dans ses bras, m'a embrassé sur la joue et m'a demandé comment j'allais.

«Bien», lui dis-je. Je l'ai invitée à entrer. Nous nous sommes assis et avons discuté. Je ne me souviens même plus de quoi nous avons parlé. C'était sans importance. J'ai apprécié qu'elle me tende la main.

Elle est revenue nous dire bonjour à plusieurs reprises, puis elle a commencé à emmener Andre. De la manière la plus naturelle qui soit, il est revenu dans notre vie.

Je le dois à Steffi. Elle savait que notre famille était mal en point, et elle savait quoi faire pour nous réunir.

CHAPITRE ONZE

Je n'ai pas su ce que cela signifiait de se battre jusqu'à ce que je voie ma sœur et ma mère faire face au cancer.

Andre Agassi

En janvier 2000, lorsque Andre remporta l'Open d'Australie pour la deuxième fois, ma fille Tami apprit lors d'un examen de routine qu'elle avait à un sein une boule de la taille d'une bille. Elle eut peur, bien sûr, et pour cause, elle n'avait que trente ans. Elle était en bonne santé et en excellente condition physique. Il n'y avait aucun antécédent de cancer du sein dans la famille. Les femmes de trente ans et moins avaient alors une chance sur deux mille cinq cent vingt-cinq d'être atteintes de ce cancer. Ceux qui sont déjà allés à Las Vegas pourront vous dire que c'est une probabilité plutôt rassurante. Par ailleurs, Tami était occupée avec son nouveau travail dans une société Internet, à l'époque où ce genre d'entreprise offrait encore du travail à Seattle. Par conséquent, elle attendit quelques semaines avant de consulter de nouveau.

Enfin, elle passa une mammographie et des ultrasons.

« Il y a une tumeur, dit le radiologue, mais il y a quatre-vingt-dix-huit pour cent de chances qu'elle soit bénigne. »

On lui dit qu'elle pouvait avoir recours à une biopsie ou qu'on pouvait tout simplement lui enlever la tumeur. Quoi qu'il en soit, ni le radiologue ni le médecin de Tami ne semblaient particulièrement inquiets.

Pourtant, Tami était inquiète. Elle avait quelque chose dans le corps qui n'était pas là auparavant et elle voulait savoir ce que c'était. Elle demanda donc un deuxième avis, cette fois à un spécialiste.

Celui-ci se montra presque certain que la boule était cancéreuse et croyait qu'il fallait l'enlever immédiatement.

Tami ne l'annonça pas tout de suite à la famille. Elle voulait d'abord obtenir toutes les données afin de ne pas nous faire peur. Cependant, elle avait appelé Rita pour lui demander d'interroger une de ses amies à qui on avait enlevé un sein. Elle ne lui avait toutefois pas dit pourquoi elle faisait cette demande, mais Rita n'était pas dupe. Elle ne tarda pas à lui poser des questions. Très vite nous étions tous derrière elle, et nous avions peur. Tami était jeune. Nous souffrions à l'idée qu'elle puisse être malade. Nous ne comprenions pas comment une telle maladie pouvait toucher notre petite Tami.

Dans notre famille, Tami est comme un tube de colle. C'est elle qui maintient les liens entre nous, et c'est également elle qui maintient la paix dans la famille. C'est notre petite fouineuse. Elle sait toujours ce que tout le monde fait. Elle veille sur nous. Il se peut que Phillip soit en colère contre Rita, que Rita soit en colère contre Andre et qu'Andre soit en colère contre moi, mais personne n'est en colère contre Tami. C'est impossible. Elle est proche de tout le monde. Si quelque chose devait arriver à Tami, je ne sais pas comment nous ferions pour nous en sortir. Je n'ai pas de préféré parmi mes enfants. Ils sont tous les quatre fantastiques, chacun à sa façon. Cependant, Tami est la plus patiente avec moi. Elle me laisse tranquille quand j'emmerde Rita, Phillip ou Andre, et il faut bien dire que c'est arrivé plutôt souvent au cours des dernières années.

Andre était au Zimbabwe pour une rencontre de Coupe Davis quand il apprit la nouvelle, et il se démena pour lui trouver le meilleur hôpital, quel que soit le prix, tout comme il l'avait fait pour moi cinq ans auparavant lorsque j'avais dû subir une opération au cœur. Mais Tami était contente du cancérologue qui avait décelé sa tumeur. Il était excellent. De plus, elle voulait rester à Seattle. Sa vie était là-bas. Elle y était chez elle.

C'est Betty qui avait choisi le prénom Tami (diminutif de Tamara). Elle l'avait choisi, car elle le trouvait sportif. Elle trouvait que c'était un nom qui avait du caractère. En grandissant, Tami avait adopté ces caractéristiques. Voilà pourquoi personne ne fut vraiment surpris de la voir se battre contre ce cancer. Elle commença par apprendre tout ce qu'elle pouvait sur la maladie. Elle lisait tout ce qui lui passait entre les mains. Lorsque le moment vint et qu'il fallut qu'elle décide du type de traitement à suivre, elle opta pour le plus radical. Même si le cancer n'avait été décelé que dans un sein et qu'il y avait peu de risques qu'une tumeur se développe dans l'autre, elle choisit de subir une double mastectomie. Elle savait qu'une telle opération n'allait pas la tuer, alors que le cancer le pouvait. C'était son pari personnel.

Nous nous sommes tout de suite envolés pour Seattle afin d'être avec Tami au moment de l'opération. Par la suite, nous sommes restés un mois avec elle pour lui tenir compagnie et nous assurer qu'elle avait tout ce dont elle avait besoin. Enfin, Tami demanda un congé à son patron et entreprit une chimio-thérapie de neuf mois. Elle était tout le temps exténuée, mais c'était une battante, et finalement elle s'en est sortie.

Je ne veux pas dire que si vous avez un cancer du sein et que si vous faites ce qu'a fait Tami, vous allez vous en sortir. C'est comme un match de boxe. Vous pouvez distribuer des coups à votre adversaire et perdre le combat. Vous pouvez avoir tout le courage du monde pour lutter contre un cancer et perdre la bataille. La vie peut parfois se montrer injuste. Cependant, je pense qu'en se renseignant et en optant pour la méthode la plus radicale, Tami s'est donné une chance. Je suis fier de la façon dont elle a réagi lors de cette terrible épreuve. Je suis fier, car elle s'est montrée forte pendant toute cette période.

À vrai dire, tous mes enfants se sont très bien comportés pendant la maladie de Tami. Je ne pouvais espérer mieux. Rita avait connu elle aussi des problèmes de santé avec une thyroïde amochée, mais elle s'est montrée très solide afin de soutenir sa sœur. Andre lui a acheté une maison pour lui éviter les soucis matériels pendant son congé. Lorsque Tami a commencé à perdre ses cheveux à cause de la chimiothérapie, Andre, en connaissance de cause, s'est mis à la recherche de sa tondeuse et a organisé tout un cérémonial. Une fois que tout fut en place, Phillip et lui ont disparu dans la salle de bain et en sont ressortis quelques instants plus tard le crâne complètement rasé afin de lui montrer leur soutien.

Environ sept mois après qu'on eut décelé la tumeur au sein de Tami, soit en août 2000, Betty connut le même sort. Un de ses seins avait enflé et la douleur était insupportable. Lorsque Tami fut mise au courant, elle appela Phillip et lui demanda de s'assurer qu'on emmène Betty voir un médecin et qu'on lui pose bien toutes les questions. J'étais sûr que Betty allait bien. Elle avait passé une mammographie l'année précédente qui n'avait rien révélé. Cependant, après ce que nous avions vécu avec Tami, nous pensions qu'une visite chez le médecin ne pourrait pas faire de mal. Nous y sommes donc allés.

Le médecin examina le sein de Betty et l'envoya chez un spécialiste qui lui fit passer une mammographie.

Elle avait un cancer. L'infection provenait d'une masse dans le sein. Le spécialiste compara cette mammographie avec celle de l'année précédente et découvrit que cette même masse était déjà présente à l'époque. Celui qui avait regardé la première mammographie ne l'avait pas décelée. Betty s'était donc baladée avec un cancer du sein pendant que Tami suivait son traitement! Le verdict : il fallait que Betty subisse une mastectomie au plus vite.

Après ce que nous avions vécu avec Tami, cela faisait beaucoup. Les enfants étaient anéantis. Pour tout dire, Betty, c'était Betty. C'est le cœur de la famille. J'ai peut-être poussé les enfants à réussir dans le tennis, mais c'est Betty qui leur a appris à vivre et à aimer. Elle est gentille. Elle est patiente. Betty se fichait de savoir si Rita, Phillip, Tami et Andre avaient perdu un match de tennis. Ils savaient que quoi qu'il arrive, elle les aimait. Même lorsque j'ai passé plusieurs années sans parler à Rita et à Andre, ils appelaient toujours à la maison pour avoir de ses nouvelles. Pour les enfants, Betty est leur mère, tout simplement. Elle est le symbole de notre famille.

Nous nous sommes tous inquiétés de savoir comment la maladie de Betty allait affecter Tami, mais elle s'est accrochée. Bien qu'elle fût encore faible à cause de sa propre chimiothérapie, Tami ne pouvait rester sans rien faire. De Seattle, elle sauta dans le premier avion dès qu'elle eut appris la nouvelle, afin de se trouver aux côtés de Betty. Phillip et Rita firent de même. Quant à Andre, il apprit la nouvelle juste avant l'US Open. Il franchit le premier tour, mais décida de s'arrêter là pour rentrer à la maison. Quelques jours plus tard, sachant que les mois suivants allaient être difficiles, il renonça officiellement à rejoindre l'équipe américaine pour les Jeux olympiques de Sydney, en septembre.

Andre n'a jamais eu peur de laisser tomber un match en période de crise. Pendant le tournoi de Roland-Garros 2001, à la fin de son premier set devant Sébastien Grosjean en quart de finale, il apprit que l'une de ses fidèles employées était sur le point de succomber à un cancer, après avoir lutté longtemps. Il restait à cette femme vingt-quatre heures à vivre, au mieux. Elle avait été aux côtés d'Andre pendant des années, et pour Andre, il était plus important de rentrer passer ces quelques heures avec elle que de gagner ce match. Ainsi, après avoir remporté la première manche par 6-1, il renonça aux trois manches suivantes. Je fus amusé d'entendre tout le monde dire que la présence de Bill Clinton dans les gradins avait perturbé Andre. Ce n'était pas cela du tout. Lorsque Andre perd tôt dans un tournoi, il y a des chances qu'il ait une bonne raison.

De son côté, Betty garda son sang-froid. C'est peut-être parce qu'elle avait vu Tami traverser la même épreuve et qu'elle savait à quoi s'attendre. Je suis sûr que le soutien des enfants l'a également aidée. L'opération fut difficile sur le plan physique mais, psychologiquement, Betty se montra forte, même lorsqu'une semaine plus tard elle fit une hémorragie. Après l'avoir retrouvée en train de saigner en rentrant du travail, je l'emmenai en vitesse aux urgences. Ils nous offrirent une serviette pour stopper l'hémorragie et proposèrent de nous renvoyer chez nous, mais j'insistai auprès de l'infirmière en lui disant : « Écoutez, ma femme souffre. Vous ne pouvez pas lui faire une piqûre ? »

Un médecin surgit avec un flacon de liquide hypodermique, donna quelques petits coups d'ongle dessus et cria à Betty : « Tournez-vous ! »

Pauvre Betty, elle ne pouvait pas se tourner. Elle ne pouvait pas bouger du tout !

Quoi qu'il en soit, ils s'occupèrent finalement d'elle et elle s'en sortit. Elle avait perdu beaucoup de sang, mais elle s'en sortit.

De son propre aveu, Betty était heureuse de sa vie. Et ce qui devait arriver arriverait inévitablement. À soixante-trois ans, elle avait atteint un âge où elle pouvait vivre avec l'idée de la mort, si celle-ci devait se présenter à elle. Betty avait fait tout ce qu'elle avait toujours souhaité faire. Elle avait eu une famille et un travail qu'elle aimait. Elle n'avait aucun regret.

Elle était très courageuse.

Quant à moi, je priais pour qu'elle guérisse. Je me disais que si Tami y était arrivée, alors Betty devait y arriver également. Je ne m'autorisais pas à imaginer ma vie sans Betty. En fin de compte, mes prières furent exaucées. La mastectomie avait réussi. Il ne lui fallut aucun traitement supplémentaire, et en moins d'un an elle avait complètement récupéré.

La vie nous joue parfois de drôles de tours. Au moment où Tami et Betty sont tombées malades, ce n'était pas comme si nous nous détestions tous. Nous nous étions réconciliés sur la plupart de nos désaccords. Au cours des années, Rita et moi nous étions réconciliés. L'ère durant laquelle nous passions l'un devant l'autre sans nous adresser la parole était révolue. Et grâce à Steffi, Andre était revenu dans notre vie. Je parlais aux enfants de temps en temps. Il n'y avait plus de règle interdisant à quiconque de me parler. Cependant, nous ne nous voyions pas au quotidien.

Après le cancer, les choses ont changé. Nous sommes devenus plus sociables. Nous avons partagé nos vies au quotidien. Ainsi, après toutes ces années, nous avons découvert le grand bonheur d'être une famille.

CHAPITRE DOUZE

> Le vrai bonheur ne se vit qu'à
> travers l'amour de sa famille.
>
> Thomas Jefferson

Voici comment se déroule une journée habituelle pour moi, aujourd'hui.

Je me réveille vers sept heures et bricole dans la maison pendant un moment. Si j'en ai envie, je prends le volant de la Cadillac couleur chamois que m'a offerte Andre il y a quelques années et je me rends à l'Omelet House, un petit restaurant modeste sur le boulevard Charleston, qui date presque de mon arrivée à Las Vegas. Si elle en a envie, Betty m'accompagne. Je vais échanger quelques plaisanteries avec la serveuse, commander mon petit-déjeuner : une omelette, du pain blanc grillé et un café noir.

Ensuite, lorsque je rentre, je mets en route les canons à balles sur le court et je tape quelques balles pendant un moment.

Si c'est le week-end, vous pouvez être sûr que le téléphone sonnera sans interruption. Tami et Rita appellent toujours pour parler à Betty. Phillip est également dans le coup, mais il n'est pas aussi bavard que les filles. Il vit toujours à San Diego avec sa femme, Marti, et leur fille, Carter, qui est belle et très intelligente. Rita habite ici, à Las Vegas. Elle donne des leçons de tennis et vient de commencer des études de psychologie à l'Université du Nevada à Las Vegas. Elle est forte, intelligente, coriace, et elle a toujours un sacré coup droit. Quant à Tami, elle est toujours à Seattle où elle travaille pour le cancérologue qui a supervisé son traitement, le docteur Saul Rivkin. Elle l'aide à récolter des fonds pour la recherche sur le cancer.

Tel que je vois les choses, maintenant que Tami est sur l'affaire, le cancer n'a aucune chance de s'en sortir.

Tami est avec un type intéressant qui s'appelle Lobsang. Je l'appelle «lobster» (homard) pour le taquiner. Il est né à la tête d'un troupeau de boucs au Tibet. Ses parents l'ont envoyé dans un monastère à l'âge de treize ans. À dix-neuf ans, il a parcouru plus de quatre mille cinq cents kilomètres à pied, traversant les montagnes de l'Himalaya jusqu'à l'Inde, où il est devenu moine, sous la tutelle du dalaï-lama. (Et dire qu'Andre trouvait qu'il était à plaindre. Au moins, nous ne l'avions pas envoyé à Bradenton à pied pour aller chez Bollettieri!) Après de nombreuses années d'études, il est devenu spécialiste de cinq religions et de huit langues étrangères. Par la suite, il a déménagé à New York, puis à Seattle, n'arrivant qu'avec quatre cent quatre-vingts dollars en poche. Il ne parlait pas un mot d'anglais, mais vu son aptitude pour les langues, il a vite appris. Lobsang a commencé par travailler pour Sprint, et en moins de deux ans il est devenu le onzième vendeur de l'entreprise. Depuis, il a créé sa propre entreprise de logiciels. Si vous êtes intelligent, vous allez tout de suite arrêter de lire ce livre et vous en procurer un sur Lobsang. S'il n'en existe pas encore un, cela viendra, ou du moins cela ne devrait pas tarder.

Tami et Lobsang se sont mariés en 2005 à Seattle, et j'en suis très heureux. Mais peu importe qui elle choisit. Elle est suffisamment intelligente pour faire le bon choix, et nous lui faisons confiance.

Tami et Betty sont complètement guéries de leurs cancers.

Quand Andre et Steffi sont à Las Vegas, ils passent généralement à la maison pour nous dire bonjour. À moins d'avoir passé ces dernières années dans une grotte en Afghanistan, vous devez savoir qu'après avoir passé plus de deux ans ensemble, Andre et Steffi se sont mariés chez eux, le 22 octobre 2001. La cérémonie était intime, encore plus que celle de mon mariage avec Betty. À part le juge qui célébrait le mariage, il n'y avait que Betty et Heidi, la mère de Steffi, qui à ce moment s'était déjà installée à Las Vegas. Je n'ai été mis au courant qu'après la cérémonie! Je suis rentré du travail et Betty m'a annoncé la nouvelle avec un grand sourire. J'étais désolé d'avoir manqué un tel événement, mais je ne lui en veux pas. Après tout, je n'avais pas invité Andre à mon mariage non plus.

Quatre jours après leur mariage, leur premier enfant naquit et ils le prénommèrent Jaden. C'est un prénom étrange, mais il plaisait à Steffi et Andre. Jaden signifie «Dieu a entendu» en hébreu, et il faut croire que ce fut le cas. Je pense qu'Il nous a tous entendus. Le 3 octobre 2003, Andre et Steffi furent de nouveau bénis, cette fois avec la naissance d'une magnifique petite fille qu'ils prénommèrent Jaz.

Skylar vit toujours avec nous. Aujourd'hui, il est devenu un adulte. Il a dix-huit ans et il est gigantesque. Il doit mesurer un mètre quatre-vingt-cinq et il a le teint mat de son père. Avec les parents qu'ils a eus, il était presque obligé d'avoir un bon niveau de tennis (un sacré service), mais de par sa taille, il devrait être plus enclin à jouer au baseball.

Jaden adore Skylar. Dès qu'il a passé le pas de la porte, il fait la course et poursuit Skylar. Lorsque Jaden le trouve, Skylar est bon pour un match de lutte. Ils se roulent par terre un moment pendant qu'Andre, Steffi et Betty l'encouragent en jouant chacun son tour avec la petite Jaz. Steffi ou Andre tape quelques balles sur notre terrain, et parfois je les rejoins.

Avant qu'ils partent, Jaden va forcément demander s'il peut donner une petite gâterie au chien. Je lui sors donc un petit os du placard et il le pose par terre avec précaution. Je pense que Steffi et Andre n'essayeront pas d'en faire des joueurs de tennis professionnels, mais je sais qu'ils ont déjà commencé à donner quelques leçons à Jaden. Je parie que Jaz ne tardera pas à s'y mettre. Avec des gènes comme les leurs, ce serait un crime de ne pas jouer au tennis. Il y a quelques mois, Jaden a frappé la balle de l'autre côté du filet depuis la ligne de fond de court pour la première fois. Je serais donc tenté de dire que cet enfant promet.

Une fois que mes enfants et mes petits-enfants sont partis et qu'il y a moins d'activité dans la maison, je m'installe devant la télé pour regarder un bon match s'il y en a un. J'utilise alors la belle télécommande que Steffi m'a achetée un an après avoir tiré mon nom sur notre liste de cadeaux de Noël. Son cadeau était super ! Il me permet de contrôler plusieurs machines à partir d'un seul appareil. Chaque année, j'espère qu'elle va de nouveau tirer mon nom. Chaque match que je regarde me démontre que le tennis a évolué tel que je l'avais imaginé. Le jeu est plus rapide, les joueurs frappent plus fort, avant le sommet du rebond. Le jeu de service-volée est devenu un style efficace et les sommes que gagnent les joueurs sont astronomiques. Malheureusement, à cause de l'incompétence des plus hautes instances du tennis, notre sport attire de moins en moins de monde.

Enfin, en milieu d'après-midi, j'enfile mon costume et me rends au casino pour travailler, en empruntant les petites rues parallèles afin d'éviter les embouteillages. Il y a longtemps que nous habitons à Las Vegas et, par conséquent, le Strip ne nous séduit plus comme avant. Aujourd'hui, il ne sert qu'à nous apporter un chèque en fin de mois.

Je travaille désormais au MGM Grand. Lorsque les gens me demandent «Est-ce que tu penses que tu prendras un jour ta retraite?» je leur réponds : «La retraite, je la vis au quotidien.» J'adore mon travail. Voilà l'effet qu'il me fait. En gros, je suis hôte d'accueil. Je parcours l'ensemble du casino et du restaurant, et je dis bonjour aux clients. Je peux arrêter n'importe qui et amorcer la conversation. À vrai dire, c'est ce qu'on me demande de faire. J'imagine que je suis ce qu'on appelle «un visage familier». Cela aide, d'être le père d'Andre. Je vous jure, cinquante pour cent des gens qui entrent dans ce casino me connaissent ou ont entendu parler de moi. Ils sont contents de me rencontrer, et je suis également content de les rencontrer. Bien souvent, les gens me demandent une photo ou un autographe d'Andre, et j'essaye de leur donner satisfaction lorsque j'en ai l'occasion. À la fin de chaque journée, j'espère avoir fait quelque chose de bien pour MGM Grand parce qu'ils ont fait beaucoup pour moi. En tout, j'ai travaillé chez eux pendant plus de vingt ans. Peut-être que mon travail est aussi tranquille parce que je connais le propriétaire de l'hôtel, le légendaire Kirk Kerkorian, depuis 1963. Nous nous sommes rencontrés peu après mon arrivée à Las Vegas et cela fait désormais plus de quarante ans que nous sommes amis. À vrai dire, le deuxième prénom d'Andre est Kirk, et Kerkorian en est l'origine. Kirk est Arménien, tout comme moi, et il joue au tennis. De plus, il adore mon fils. Par ailleurs, mes supérieurs m'aiment bien, et tant qu'ils ne me diront pas de rester à la maison, je continuerai à venir travailler tous les jours.

Parlant de retraite, je ne pense pas non plus qu'Andre soit prêt à se retirer. Il finira bien par arrêter, bien sûr, mais je ne m'avancerais pas sur une date. Par contre, je vous dirai que si j'avais une deuxième vie, j'apprendrais à mes enfants à jouer au golf. C'est un sport qu'on peut pratiquer toute sa vie. On ne peut pas en dire autant du tennis. Je pense cependant que tant qu'Andre se sentira à la hauteur, il continuera, et jusqu'à présent, il s'est montré à la hauteur. Il a remporté l'Open d'Australie en 2001 et en 2003. Pendant l'été 2003, il est devenu, à trente-trois ans, le plus vieux numéro un mondial de l'ère Open. À vrai dire, je suis certain que si par je ne sais quel miracle de la science on parvenait à mettre le Andre de 2004 devant le Andre de 1992, ce dernier prendrait une belle leçon de tennis. Andre n'a rien perdu. Il n'a pas perdu une once de puissance. Par contre, pendant tout ce temps, sa condition physique s'est métamorphosée. De même, il est devenu bien plus solide psychologiquement.

Même si Andre continue de travailler avec Gil Reyes, son préparateur physique, Brad Gilbert et lui se sont séparés au début de 2002, sans raison particulière. Chacun des deux était prêt à passer à autre chose. Gilbert entraînait Andy Roddick et par la suite il a travaillé à la télévision, et Andre collabore avec Daren Cahill, qui a eu le mérite de conduire Lleyton Hewitt au titre à l'US Open et à la place de numéro un mondial en 2001. Je suis également content de vous dire que Cahill a suivi mon conseil, concernant le cordage d'Andre. De même, il est passé à un tamis de raquette un peu plus petit, même s'il n'est pas aussi petit que je l'aurais souhaité.

Cependant, cela devient de plus en plus difficile. Je ne parle pas du jeu en lui-même, car Andre joue mieux que jamais. Ce qui est difficile pour lui désormais, c'est de quitter Steffi et les enfants. Ils ont envie d'être ensemble.

Lorsqu'il mettra un terme à sa carrière, Andre ne fera pas partie de ces athlètes qui ne savent pas quoi faire du reste de leur vie. Il fera des apparitions ici et là, il jouera des matchs de démonstration, et bien sûr d'autres choses l'attendent également. Il avait des actions dans l'hôtel Golden Nugget de Las Vegas, qu'il vient de vendre. Il construit un bar au Caesars Palace, Pure, avec comme partenaires Céline Dion et Shaquille O'Neal. Il est propriétaire de plusieurs restaurants Sedona. Il a investi dans l'immobilier à Dubaï. Il a mis sur pied une chaîne de centres de conditionnement, les Agassi Fitness

Center, installe des machines à sous dans plusieurs casinos au profit de sa fondation. C'est étrange, quand on y pense : j'ai travaillé dans l'hôtellerie (hôtels, restaurants, casinos) toute ma vie, et Andre est sur le point de faire de même. Je suis sûr qu'il restera associé avec de nombreux commanditaires comme Canon, Head, Gillette et Adidas. Et bien sûr, il se dévoue corps et âme à sa fondation, l'Andre Agassi Charitable Foundation. Andre sait que c'est la générosité des autres qui nous a permis d'avoir de quoi manger. Après tout, j'ai travaillé dans des salles d'exposition en ne gagnant que des pourboires. Il trouve donc important de partager sa fortune.

Il y a quelques années, sa fondation a financé l'Andre Agassi Boys and Girls Club de Las Vegas. Elle a également contribué à la création de l'Andre Agassi College Preparatory Academy (école préparatoire à l'entrée à l'université) et d'une école pour les enfants des quartiers défavorisés, où les jeunes peuvent recevoir un enseignement de qualité comparable à celui d'une école privée, tout cela sans payer les moindres droits de scolarité. Une école ! Créée par un type qui a lui-même abandonné l'école secondaire pour jouer au tennis. Il est cependant parvenu à obtenir son diplôme en suivant des cours par correspondance, mais vous voyez ce que je veux dire. Après tout, ce n'est pas si surprenant. Les études n'ont peut-être pas été sa priorité lorsqu'il était jeune, et pourtant c'est un des types les plus intelligents que je connaisse.

Somme toute, il s'en sortira.

Et quand ça va avec Andre, tout le monde va bien.

C'est curieux comme l'histoire se répète. Tout comme je m'étais occupé de mes parents, de mes frères et de mes sœurs en Iran, Andre fait de même avec nous. Il est généreux. Tous mes enfants sont généreux. Bien des gens donneraient leur bras droit pour avoir des enfants comme les miens. Andre nous a acheté notre maison et nos voitures. Il a acheté un condo à

Rita, une maison à Tami. Il verse à Phillip un salaire mensuel, puisqu'il travaille dans son entreprise, Agassi Enterprise. Il se charge également des droits de scolarité de Skylar, de ses vêtements, de sa voiture et de son argent de poche. Grâce à lui, notre qualité de vie est meilleure.

Et peut-être, mais vraiment peut-être, qu'Andre et tous mes enfants mènent une belle vie un peu grâce à moi, au moins en partie.

Mike Agassi raconte la fascinante histoire de sa famille, et avoue que papa n'a pas toujours raison.

Bud Collins, *Boston Globe*/NBC

Mike Agassi a vécu une existence captivante, depuis ses premières années en Iran jusqu'à son émigration aux États-Unis et son établissement à Las Vegas, où il a élevé sa famille. Bien qu'il ait traversé plusieurs périodes difficiles, il a réussi à se sortir d'une grande pauvreté et à encaisser les coups durs pour se rendre où il est aujourd'hui. Il écrit sur sa vie personnelle et sa famille avec une honnêteté et une passion telles qu'on prend plaisir à suivre son récit. C'est vraiment une histoire qui réchauffe le cœur.

Kirk Kerkorian

Andre m'a plu dès la première fois que je l'ai vu. Il avait six ans et je l'interviewais dans le cadre d'une émission de télé pour un championnat du monde de tennis, à Las Vegas [...]. Quand j'ai demandé à Andre ce qu'il voulait faire quand il serait grand, il a immédiatement répondu : « Je veux être numéro un. »

Vic Braden, éducateur sportif
et auteur de *Vic Braden's Mental Tennis*

Cet ouvrage a été composé en Minion corps 12,5/14,5
et achevé d'imprimer au Canada en mai 2006
sur les presses de Quebecor World L'Éclaireur / St-Romuald, Canada.